INTRODUCTION

A L'HISTOIRE

DES

SOURCES DU DROIT FRANÇAIS

(PRINCIPALES QUESTIONS CONTROVERSÉES)

PAR

A. BERTAULD

PROFESSEUR A LA FACULTÉ DE DROIT DE CAEN,
ANCIEN BATONNIER DE L'ORDRE DES AVOCATS A LA COUR IMPÉRIALE.

PARIS
MARESCQAINE
ÉDITEUR
Rue Soufflot, 17.

CAEN
LE GOST-CLERISSE
ÉDITEUR
Rue Écuyère, 36.

1860

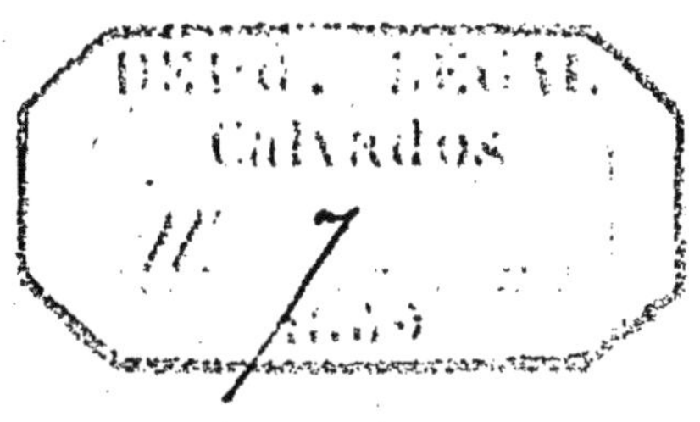

INTRODUCTION

A L'HISTOIRE

DES

SOURCES DU DROIT FRANÇAIS.

CAEN. — TYP. B. DE LAPORTE.

INTRODUCTION

A L'HISTOIRE

DES

SOURCES DU DROIT FRANÇAIS

(PRINCIPALES QUESTIONS CONTROVERSÉES)

PAR

A. BERTAULD

PROFESSEUR A LA FACULTÉ DE DROIT DE CAEN,
ANCIEN BATONNIER DE L'ORDRE DES AVOCATS A LA COUR IMPÉRIALE.

PARIS
MARESCQ AINÉ
ÉDITEUR
Rue Soufflot, 17.

CAEN
LE GOST-CLÉRISSE
ÉDITEUR
Rue Écuyère, 36.

1860

INTRODUCTION.

Les Codes du consulat et du premier empire, qui, sauf quelques retouches, sont aujourd'hui le fond de notre législation civile et criminelle, ne sont pas sans ancêtres. Bien qu'ils appartiennent par leur date de promulgation au commencement du XIXe siècle, ils ne sauraient être considérés comme l'œuvre exclusive d'une génération. Si, nous, [illegible]is, nous sommes nés d'un mélange et d'un croisement de races, eux aussi, ils sont le résultat d'une laborieuse et lente fusion ; comme la nation à laquelle ils s'appliquent, ils ont une origine dont le caractère n'est pas l'unité, mais la complexité, et leur généalogie est empreinte de toutes les variétés et de toutes les nuances de notre histoire. Tous nos titres de famille jouent un rôle dans la filiation de nos lois. Notre sang national n'est ni le pur sang gaulois, ni le pur sang romain, ni le pur sang germanique; il est formé de ces trois sangs. La source de notre législation n'est ni purement gauloise, ni purement romaine, ni purement germanique; elle a reçu un contingent et de la Gaule et de Rome et de la Germanie.

Pour rallier nos Codes, à travers quatorze siècles, aux Codes de l'empire romain, il faut, en accordant une large place à la tradition romaine, tenir compte des traditions gauloises et germaniques.

L'un des plus judicieux représentants de la critique sérieuse en France, un juge très-autorisé, M. de Sacy, a reproché à l'histoire politique de se trop préoccuper *des premiers temps de notre obscure et barbare histoire, et d'avoir embrouillé, sous prétexte de l'éclairer, la question de nos origines.*

« Notre civilisation est *romaine*, notre « centralisation est *romaine*, nos lois et nos « lettres sont *romaines*; c'est l'esprit *romain* « qui a fini par vaincre l'esprit *barbare*... « Nous en avons fini, il faut l'espérer, avec « les Gaulois et les Francs; que notre li- « berté vienne ou non des Germains, au « fond peu nous importe, l'enfant est né, « il est grand et fort. »

L'œuvre de notre législation, elle aussi, est grande et forte: elle a franchi nos frontières, et elle a gardé ses conquêtes. Est-ce un motif pour se dispenser de savoir d'où elle nous vient, quelle a été sa marche, quelles formes elle a revêtues et quelles transformations elle a subies en route?

« Je ne vois pas, dit encore l'éminent « écrivain, que les anciens prissent tant de « peine pour éclaircir ce point, qui sera « toujours obscur, cette période de bar- « barie qui, chez tous les peuples, précède « l'époque à laquelle seule on peut donner « le nom d'historique. Hérodote a écrit « l'histoire de la guerre médique, Thu-

« cydide, celle de la guerre du Péloponèse, « Xénophon, la retraite des Dix-Mille, Tacite, « l'histoire des Empereurs ; voyez comme « Tite-Live passe vite sur les premiers temps « de Rome ! Il ne s'amuse pas à disserter « pesamment sur l'origine des Romains ; il « la prend comme il la trouve avec les « fables qui avaient cours dans la bouche « du vulgaire ; l'histoire n'est pas un pro- « blème, c'est une leçon. »

Je ne sais si la gravité de ma thèse me permet de continuer la citation ; je ne crois pas cependant qu'une objection, surtout quand elle émane d'un homme qui allie au goût le plus sûr le plus ferme bon sens, se dérobe à l'examen, parce qu'une boutade spirituelle la couvre ou plutôt la met en lumière.

Je cite donc encore, et aucune susceptibilité ne s'en plaindra :

« Nous n'avons pas une seule bonne his- « toire de nos temps vraiment historiques ; « nous avons des montagnes de volumes sur « la période barbare. D'une part, l'érudition

« a tout ramassé, chroniques, chartes, di-
« plômes, et jusqu'aux moindres pièces
« que le temps avait eu la sottise d'épargner;
« de l'autre, l'esprit de systèmes et de dis-
« putes a tourné ces documents en cent
« façons, et a refait, sans se lasser, l'éter-
« nelle histoire de nos ancêtres, Germains
« ou Gaulois. Il n'y a pas jusqu'à une
« femme, Mlle de Lezardière, qui ne se soit
« enfermée pendant trente ans dans une
« campagne, pour étudier les lois barbares,
« et en compiler un ouvrage prodigieux
« d'érudition, parfaitement faux de vue....
« Condamnez-vous donc au célibat et à la
« solitude pour approfondir la loi salique! »

Ces objections, en les spécialisant, ne sont-elles pas la condamnation d'un essai d'histoire des origines de notre droit? Dès 1834, un légiste historien, notre si regrettable Klimrath, les avait prévues pour les réfuter.

« Que nous font aujourd'hui et les lois
« salique et ripuaire, et le système féodal,
« et les quatre cents coutumes générales ou

« locales de la France de l'ancien régime ?
« La révolution n'a-t-elle pas passé sur tout
« cela ? N'avons-nous pas notre législation
« nouvelle, nos codes, qui ont tout simplifié,
« tout ramené à une unité commode, à une
« règle claire, précise et positive ? Le Code
« civil ne nous a-t-il pas délivré, grâce à Dieu,
« de tout ce fatras d'ordonnances et d'édits,
« de coutumes et de droit romain, d'arrêts,
« de règlements et d'infinies controverses des
« auteurs ? La loi aujourd'hui est une ; elle
« est claire et à la portée de tous ; il n'est
« permis à personne de l'obscurcir et de la
« compliquer de nouveau en faisant revivre
« ce qu'elle a formellement abrogé. Et si
« tout cet ancien droit est bien mort, si
« toute cette longue et difficile histoire ne
« peut plus recevoir aucune application pra-
« tique, à quoi bon nous embarrasser d'un
« immense travail inutile? » (*Revue de Législation et de Jurisprudence*, t. II, p. 82.)

Je ne reproduis pas l'excellente réponse de Klimrath, cet avocat convaincu qui a si bien plaidé la cause, aujourd'hui gagnée, de l'histoire du droit. Ces arguments ne s'adressent pas spécialement à la question de nos origines, et c'est cette question qu'après lui, sous son inspiration et à un point de vue qui n'est pas tout à fait le sien, je me propose d'étudier.

Sans doute, Klimrath, dans son programme d'une histoire du droit français, explique très-bien que l'histoire de notre droit commence au moment où les divers éléments dont il découle se trouvent en présence au ve siècle, et pour lui, comme pour moi, ces éléments sont le droit romain, les coutumes germaniques et les coutumes gauloises.

Je m'empresse d'ajouter que, dans une autre étude (1), dans une introduction à l'histoire du droit public et privé de la France, il remarque avec une grande justesse que l'élément romain, l'élément germanique et l'élément chrétien sont des éléments communs à tous les peuples de l'Eu-

(1) *Revue de Législation et de Jurisprudence*, t. VII, p. 57.

rope centrale et occidentale; et il voit dans cette communauté la raison des analogies qu'offre le développement de la civilisation et du droit en Allemagne et en Angleterre, en Italie et en Espagne.

Si l'Allemagne et l'Angleterre, si l'Espagne et l'Italie ne sont pas la France, c'est, dit-il, parce que les éléments de ressemblance ne se sont pas combinés dans la même proportion et suivant le même mode; c'est surtout parce que la France est entée sur la Gaule.

Je suis jusqu'ici d'accord avec Klimrath; mais il ne paraît pas attribuer à l'histoire des sources du droit et des faits politiques ou sociaux nécessaires à leur explication, le degré d'importance, la mesure d'utilité réelle ou pratique qu'elle nous paraît avoir. *Qu'importe*, suivant Klimrath, *l'énumération, même complète, de tous les documents où l'on peut puiser la connaissance de l'ancien droit, si l'on n'en tire pas ce qu'ils contiennent et par quoi seul ils méritent qu'on les étudie?* Aussi fait-il bon marché de l'histoire du droit français de Claude Fleury, du petit epitome latin de Silberrad et de l'ouvrage en un volume de Bernardi (1782), et il traite ces estimables travaux avec une sévérité qui côtoie et qui même atteint l'injustice.

Klimrath a reconnu cependant que l'histoire externe du droit, pour rappeler la terminologie de Leibnitz, est une préparation indispensable à l'histoire *du fond* du droit, à l'histoire interne, et il est le premier à proclamer qu'il faut rechercher, d'abord, quelles furent *les lois et les coutumes en vigueur, leur rédaction, leurs formes, leurs modifications diverses, suivant le génie des temps.*

Mais Klimrath a plus de tendance à relier l'histoire générale, l'histoire des institutions et de la civilisation, à l'histoire interne du droit qu'à l'histoire externe, avec laquelle pourtant l'histoire politique est étroitement unie, et il ne tient pas assez de compte peut-être des grands services que l'école historique moderne a rendus au droit et à l'appréciation de ses sources.

Je ne sais si je m'abuse; mais, suivant moi,

les *Essais sur l'Histoire de France* et les inimitables cours de M. Guizot, l'*Histoire du Tiers-État* d'Augustin Thierry, sont plus que des secours pour l'histoire externe du droit; ils la renferment presque tout entière, et s'il me fallait opter entre ces livres excellents, si utiles aux jurisconsultes, et les livres spéciaux, je n'hésiterais pas dans mes préférences... Ce n'est pas que je n'aie beaucoup d'admiration pour les deux belles histoires du droit de M. Laferrière : dans la seconde histoire, dans celle qui s'achève trop lentement à mon gré, que de savantes recherches, quelle patience d'investigation, quelle richesse d'érudition! mais aussi dans la première, quelle verve, quel entrain, quel brillant coloris!

Cependant, s'il m'était permis, non d'exprimer un jugement (le justiciable doit s'incliner devant son juge), mais de traduire une impression personnelle, je confesserais que la merveilleuse abondance de détails scientifiques m'a quelquefois déconcerté et troublé, et qu'il m'est arrivé de perdre un peu de vue les grandes lignes, l'idée générale, l'aspect politique et social; mon regard borné se sentirait plus à l'aise dans un cadre plus restreint; j'ai trop à embrasser dans ces travaux à proportions immenses, trop à apprendre dans ces livres si pleins, si nourris, si complets. Mon premier besoin serait d'obtenir des notions nettes, précises, sur les questions capitales, sur les controverses qu'elles ont soulevées, sur les principales solutions qu'elles ont reçues... L'intelligence réclame d'abord le nécessaire; elle aspire ensuite à l'utile, et peut-être finira-t-elle par convoiter ce qui n'est que de luxe.

Voilà pourquoi je ne me défends pas d'une vraie sympathie pour le livre de Claude Fleury, qui est si court et qui a tant d'unité et de vie, ce livre trop dédaigné par Klimrath, et que M. Granier de Cassagnac n'a pas épargné (*Revue de Législation et de Jurisprudence*, t. III, p. 164 et 165, *à la note*). Ce livre, après tout, a eu, de nos jours, l'honneur d'avoir pour éditeurs en 1826 M. Dupin, et en 1859 M. Laboulaye et M. Dareste.

MM. Laboulaye et Dareste, et ce sont des juges très-compétents, disent de l'histoire de Claude Fleury : « C'est un petit livre excel-« lent, plein de séve, et qu'on peut encore « lire avec grand profit. »

J'apprécie aussi les quelques pages si substantielles, mais peut-être un peu techniques, que M. Eschbach a consacrées à l'histoire des sources du droit français, dans sa très-recommandable *Introduction générale à l'Etude du Droit* ; et je ne dois pas contester le mérite du consciencieux *Précis historique de Droit français* de M. Minier.

Je ne parle pas des monographies de M. Pardessus, de M. Giraud, de M. Laboulaye, qu'on ne saurait songer à mettre dans la main des étudiants. De pareils travaux ne sont pas un moyen d'initiation; ils supposent un grand fonds de connaissances acquises, ils s'adressent aux savants, et non à ceux qui n'ont peut-être pas même l'ambition de le devenir.

Je serais presque tenté de soumettre encore aux historiens de notre droit, non pas comme une objection, mais comme un doute, une observation qu'ils considéreront comme un éloge... Je voudrais de plus fréquents retours sur notre temps, sur nos questions contemporaines. Sans offrir de conclusions précipitées, sans devenir une arme de parti, l'histoire ne gagne-t-elle pas en intérêt, quand elle saisit l'occasion de rapprocher le passé, qu'elle fait revivre, du présent dans le sein duquel nous vivons... La science désintéressée n'est certainement que plus digne d'hommages; mais n'a-t-elle pas moins d'attrait et partant moins de puissance? Qu'il ne faille pas la passionner, c'est ce que nul ne conteste ; mais l'impartialité est-elle incompatible avec le rappel des controverses qui demandent à l'histoire des arguments? Un grand jurisconsulte, un plus grand écrivain encore, M. Troplong, ne s'est-il pas chargé de montrer que le choix d'un système sur l'origine de nos institutions impliquait le jugement de procès graves et pleins d'actualité? Avec quel à-propos constate-t-il l'insuffisance des données historiques de Dumoulin, de Loyseau, de d'Aguesseau, de Henrion de Pansey et de Proudhon ! Avec quelle conviction oppose-t-il à des théories arriérées les théories de notre histoire moderne ! Avec quel légitime orgueil fait-il valoir les meilleurs titres littéraires de notre siècle, les œuvres de M. Guizot et de M. Augustin Thierry ! Le commentateur avait vivifié notre droit nouveau par l'histoire ; le publiciste a voulu prouver que l'histoire pouvait se vivifier par le droit. Il faut lire dans la *Revue de Législation et de Jurisprudence* les articles de M. Troplong sur *la nécessité de réformer les études historiques applicables au droit français*, *sur l'établissement des justices seigneuriales*, *sur l'influence des légistes*, etc. (t. I, p. 1, 161, 401 ; t. II, p. 1).

Pourquoi M. Troplong n'entreprendrait-il pas l'histoire de notre droit ? On lui objectait, *en 1835*, qu'il ne savait pas bien nettement ce qu'il voulait en matière d'histoire : qui oserait aujourd'hui tenir un pareil langage ? M. Troplong lui-même ne dirait plus comme en 1835 : « Ce n'est pas à un écrivain aussi

« peu connu que je le suis qu'il appartenait « de porter, de prime abord, un jugement « sévère sur les gloires de notre droit fran- « çais. » (Voir la controverse entre M. Troplong et M. Granier de Cassagnac, *Revue de Législation et de Jurisprudence*, t. I, p. 177.)

La tâche, à laquelle je voudrais avoir un titre pour convier M. Troplong, je ne me l'inflige pas à moi-même... Je n'entreprends ni une histoire *interne*, ni même une histoire *externe* des origines de notre droit ; je veux seulement recueillir, classer, condenser, sur les principales questions juridiques agitées à l'occasion des périodes mérovingienne et carlovingienne, les notions indispensables à tout légiste qui ne croit pas que le meilleur moyen de comprendre la loi en vigueur est de se condamner à l'ignorance de tout ce qui n'est pas elle, et notamment à l'ignorance de ses précédents, à l'ignorance de ses titres généalogiques, c'est-à-dire de ses causes. Je n'adresse pas aux érudits une œuvre d'érudition ; pour ceux qui ne savent pas encore, mais auxquels je veux inspirer la pensée et le désir d'apprendre, j'essaie de résumer ce qui a été développé et approfondi ailleurs, dans des livres qu'ils ne pourront lire avec fruit que plus tard. Le but de ma dissertation, ce n'est ni de redire tout ce qui s'est dit, ni de dire des choses nouvelles. Ma tentative est principalement une tentative de vulgarisation ; mais c'est aussi une tentative d'appréciation critique. Mon but serait atteint si je familiarisais les jeunes hommes pour lesquels j'écris, avec l'opinion que les historiens, les publicistes, Boulainvilliers, l'abbé Dubos, Montesquieu, Mably, M. de Montlosier, M. Guizot ne doivent pas nous rester plus étrangers que ne doivent nous rester étrangères les idées qui ont préoccupé Dumoulin, Hotman, Loyseau, d'Aguesseau, Proudhon, Pardessus, M. Laferrière et M. Troplong.

Au ve siècle, dans les contrées que nous appelons aujourd'hui la France, coexistaient principalement trois races : une race indigène, les Gaulois ; deux races étrangères, les Romains et les Germains.

Les Gaulois, qui se composaient originairement des Belges, du Rhin à la Seine et à la Marne ; des Celtes, de la Seine et de la Marne à la Garonne ; des Aquitains, de la Garonne aux Pyrénées, au sud-ouest, et des Liguriens au sud-est, sur la Méditerranée, n'avaient pas sans doute absorbé les Romains, leurs vainqueurs, mais n'avaient pas été absorbés par eux. La Gaule, qui avait pu armer 500,000 hommes contre César, n'avait pas péri tout entière sous l'empire : « Elle ne « fondit pas, dit un pittoresque historien, « sous le mélange de quelques légions ro-« maines ou des bandes de Clovis. » Elle n'avait pas perdu sa langue ; au IIIe siècle, Septime Sévère admit la validité des fidéicommis rédigés dans l'idiome gaulois *lingua gallicana* (Dig., liv. 32, tit. 1er, *principio*) ; et en 473, l'évêque de Clermont Sidonius-Apollinaris félicite Ecditius, son beau-frère, d'avoir appris à la noblesse arverne à abandonner l'âpre langage celtique pour le latin.

Si la langue étrangère était une distinction et un luxe pour les situations élevées, la langue maternelle restait l'instrument naturel de la masse nationale; le peuple ne parla jamais latin. Enfin au VIIIᵉ siècle, c'est de l'alliance des langues gauloise et latine que paraît naître la langue romane. Si le vocabulaire latin finit par prévaloir dans cette langue, ce résultat incomplet et tardif fut bien moins dû à la civilisation romaine qu'à l'influence de l'Eglise chrétienne, qui adopta le latin et en fit ainsi survivre l'usage à l'empire.

La religion druidique, quoique entamée sinon par le polythéisme, au moins par le matérialisme, avait résisté, surtout dans la classe sacerdotale et au sein des populations de la campagne, et son esprit, ses croyances à l'immortalité facilitèrent les conquêtes du christianisme.

Les anciens Gaulois n'avaient donc pas été, comme l'a soutenu l'abbé Dubos (1), métamorphosés en Romains.

« La civilisation romaine », a écrit M. Guizot (2), « a eu cette louable puissance d'ex-

(1) *Etablissement de la Monarchie française dans les Gaules*, tome Ier, p. 12.

(2) *Histoire de la Civilisation en France*, Ire partie, IIe leçon.

« tirper les lois, les mœurs, la langue, la « religion nationale, de s'assimiler pleine- « ment sa conquête.

« A considérer les choses en général, au « VIe siècle en Gaule tout était romain;... « toutes les expressions absolues sont exa- « gérées, » dit aussitôt l'éminent écrivain, qui se limite et se corrige lui-même.

L'assimilation des deux éléments, l'élément gaulois et l'élément romain, ne fut jamais complète. Vainement la politique impériale essaya-t-elle de propager la prétendue tradition d'unité d'origine : « Des Troyens « échappés à la fureur des Grecs se seraient « établis dans la Gaule, tandis que d'autres « fugitifs de Troie se seraient fixés dans le « Latium avec Enée, en sorte que les Gaulois « auraient été les frères des Latins. »

L'envahissement de la Gaule par César, l'établissement successif de nombreuses colonies militaires, l'entretien des légions affectées soit à l'occupation du territoire, soit à la défense de la frontière, attestent assez la vie et la puissance de l'élément romain.

Rome avait conquis la Gaule à la civilisation de l'Italie, à la civilisation de la Grèce qui avait eu comme un avant-poste à Marseille ; elle avait concentré, pour les propager, les études libérales dans quelques grandes villes, à Toulouse, à Arles, à Vienne, à Autun, à Rheims. Sa puissante attraction s'était principalement appliquée aux familles riches et distinguées, dont les idées, les habitudes, les mœurs, le vêtement et même les noms avaient subi une sorte de métamorphose ; aussi Rome avait-elle accepté de la Gaule non-seulement des professeurs d'éloquence, des historiens, des poëtes, des savants de tout ordre, mais aussi des personnages politiques, des sénateurs, des consuls, des empereurs. Les villes n'avaient pas moins changé que les hommes ; elles n'étaient plus de terre et de bois, mais de pierre et de marbre. La Gaule était couverte de témoignages de la grandeur romaine, de voies militaires, de forums, de temples, de basiliques, d'amphithéâtres, de cirques, de thermes, d'aqueducs, dont aujourd'hui encore nous étudions et admirons les débris.

La Germanie, qui avait débordé sur la Gaule, était représentée au nord par les Francs, au sud-est par les Burgondes, et au sud-ouest par les Wisigoths. Mais les établissements germaniques n'avaient point eu partout le même caractère; les Burgondes et les Wisigoths devaient à des traités bien plus qu'à leurs armes le territoire qu'ils occupaient; les Francs, au contraire, avaient envahi et conquis la Gaule. Sans doute, leur conquête, à travers ses violences, n'avait eu rien de systématiquement destructeur; facilitée par la profonde lassitude du joug romain, par le découragement de la misère, par cet instinctif espoir pour la ruine et la détresse qu'un changement de maître ne pourrait être qu'une amélioration, elle ne tarda pas à se proposer un but de conservation.

Les chefs des bandes guerrières rêvèrent la restauration de l'unité du pouvoir romain, et le maintien à leur profit des institutions qui en avaient été l'instrument.

Cette sympathie intéressée des rois intelligents des deux premières races n'a pas été sans influence sur la perpétuité des traditions, dont nous recueillons aujourd'hui l'héritage. Si elle leur a été funeste, et si elle a contribué à leur chute comme dynastie, elle nous a, à nous, rendu des services.

Les Germains, avant qu'ils eussent constitué des États dans la Gaule, et qu'ils jouissent de la souveraineté, avaient été longtemps en contact avec la civilisation romaine. Le commerce d'abord, et ensuite la guerre avaient mis en présence l'élément latin et l'élément germanique; des commerçants romains avaient fréquemment visité la Germanie; du temps de Tacite, ils avaient pénétré jusqu'à la Baltique. Rome aussi avait envoyé dans la Germanie ses légions, *qui ne lui furent pas toujours rendues*.

Rome avait-elle agi dans un intérêt d'agrandissement? N'avait-elle pas plutôt cédé à un intérêt bien entendu de défense? Un de nos meilleurs historiens, Henri Martin, a dit que, si César n'avait pas porté en dix ans les limites de l'empire romain des bords de la Durance aux bords du Rhin, l'invasion germanique, au lieu de partir du Rhin au ve siècle, se serait précipitée quatre cents ans plus tôt du haut des Alpes. Si l'empire, sous l'inspiration d'une idée de conquête ou seulement de conservation, ne parvint pas à englober la Germanie entière dans ses limites, il laissa sur le sol, et par suite dans les esprits, de grandes traces de son action. Le percement de nombreuses routes, la construction de ponts, de retranchements, de forteresses, de châteaux, la création de villes, attestent la persévérance des efforts des Romains dans leur entreprise d'assujettissement.

Après bien des combats, des luttes séculaires, les Romains, qui avaient pour armées plus de *cohortes auxiliaires* recrutées d'alliés et d'étrangers que de *vraies légions*, songèrent au IIIe siècle à faire des colonies militaires de Germains qu'ils avaient eus à leur solde, et à leur confier la garde de l'empire; ils leur distribuèrent des terres fiscales, des terres dites *létiques*, que les Germains occupèrent sous le titre de *lètes*, c'est-à-dire *hommes, hommes de l'Empereur*.

Ces lètes, qu'on appelait aussi du nom d'*hôtes* et de *confédérés*, étaient cantonnés dans les provinces, mais n'étaient pas à proprement parler des sujets de l'Empereur. Ils n'étaient ni soumis aux lois romaines, ni justiciables des juridictions de l'empire ; ils conservaient leurs lois, leur organisation, leur autonomie; en échange de l'hospitalité et de la protection romaines, ils n'étaient qu'astreints à reconnaître la *majesté*, c'est-à-dire la supériorité du peuple romain (voir Dig., liv. 49, tit. 15, *de captivis et postliminio*), et à s'armer pour lui. Les concessions des terres létiques ne tardèrent pas à être étendues ; elles s'appliquèrent non plus seulement à des auxiliaires, mais, comme condition de paix, à des ennemis.

A la fin du IIIe siècle, les Francs-Saliens obtinrent de l'empereur Maximien l'autorisation de s'établir comme colons militaires entre la Moselle et l'Escaut. Ces lètes, qui ne prenaient possession du sol gaulois qu'à charge de le défendre, furent introduits au cœur même de la Gaule, à Paris, à Poitiers, au Mans, à Rennes, à Vannes, à Bayeux, à Rouen; et les Germains s'initiaient ainsi, en devenant sédentaires, à quelques-unes des habitudes de la civilisation romaine.

Je n'examine ces concessions que sous le rapport unique de leur influence sur la fusion des races et la formation d'une nationalité nouvelle avec des débris de nationalités distinctes.

Etaient-elles aussi politiques que le disaient les empereurs qui les octroyaient? Si elles étaient un remède contre la dépopulation résultant de la guerre, n'étaient-elles pas un péril pour l'avenir? Les empereurs, et surtout leurs panégyristes, ne voyaient peut-être qu'un côté de la question, lorsqu'ils se félicitaient de se faire servir par leurs ennemis et de faire labourer les champs de la Gaule par les bœufs des barbares : « *Omnes jam* « *barbari vobis arant,* écrivait Probus au Sé« nat; » *vobis serviunt, et contra interiores*

« *nationes vobis militant; arantur Gallicana*
« *rura bobus barbaris.* »

Indépendamment des Germains colonisés, la Germanie fournissait des bandes, qui constituaient, non plus des corps réguliers incorporés aux armées romaines et sous le commandement de généraux romains, mais des troupes indépendantes combattant pour Rome sous des chefs nationaux qu'ils s'étaient choisis ou que Rome quelquefois leur choisissait. Enfin, et quoique cette cause de préparation à la fusion des races ait moins de généralité et de largeur, il ne faut pas oublier que la Germanie avait fourni à Rome des sénateurs, des empereurs, des fonctionnaires publics de tous les rangs et de tous les ordres, qu'elle avait peuplé la cour comme l'armée. L'idée de Rome dominait, en fascinant l'imagination des barbares.

La religion catholique, à laquelle Clovis se rallia et dont il devint le propagateur armé, agit énergiquement comme force de cohésion entre des éléments d'ailleurs remplis d'antagonisme. L'expulsion des Wisigoths de la partie méridionale de la Gaule (507), la domination des Francs dans le royaume des Burgondes (534), c'est la défaite de l'arianisme. L'influence prépondérante, l'influence surtout d'assimilation, appartient à l'Eglise et à ses dignitaires. C'est dans le clergé que la tradition romaine trouve d'abord des appuis. Sans doute, dans les premiers temps, l'Eglise se recrute parmi les Gallo-Romains; mais elle ne tarde pas à attirer à elle des Francs.

Au VIe siècle, en 537, dans un concile de douze évêques, on comptait déjà trois évêques francs, et au VIIe siècle, au nord de la Loire, la moitié du haut clergé, soit épiscopal, soit monastique, était d'origine germanique. N'est-ce pas là une preuve expressive de l'action de la civilisation romaine, et une garantie d'une prochaine fusion?

Si, ce que je vais bientôt examiner, la différence des races entraîna d'abord quelque inégalité politique, cette inégalité dut-elle longtemps survivre, quand la puissance civilisatrice cherchait des représentants dans les hommes de toute classe et de toute origine?

Sous les deux dynasties *franques*, la société religieuse, avec sa puissance d'expansion, fut le principal lien.

La dynastie carlovingienne dut-elle son avénement à l'aristocratie territoriale, à une réaction des grands propriétaires neustriens et austrasiens contre les tentatives prématurées d'une centralisation en désaccord avec leurs habitudes et leurs idées? Ne fut-elle pas seulement l'œuvre des Francs-Ripuaires, restés plus fidèles que les Francs-Saliens aux traditions germaniques? N'eut-elle pas pour mission de lutter contre les envahissements de la civilisation romaine, qui transportait pacifiquement aux vaincus les résultats de la victoire? Si l'unique but fut de réagir contre la *France romaine* et de rendre l'ascendant à la *France germaine*, il ne fut pas atteint. Les Carlovingiens firent bientôt aux influences civilisatrices, à l'Eglise, à ses dignitaires, une part plus large que celle qu'ils avaient antérieurement obtenue : et, comme les lettres et les lumières étaient dans le sanctuaire, ils y placèrent la législation.

Quant à la cause de la centralisation, les Carlovingiens semblèrent, d'abord, non la combattre, mais la servir. Charlemagne s'efforça de ressusciter l'unité de l'empire romain, mais ses efforts et son génie n'obtinrent qu'un succès plus apparent que réel, un succès précaire, qui ne devait pas lui survivre. La souveraineté, qu'il eût voulu concentrer dans sa main, devait se démembrer, se disloquer, s'éparpiller, presque se dissoudre.

Si la révolution carlovingienne se proposa pour objet, non la destruction de la civilisation romaine, mais l'anéantissement de la royauté impériale, elle ne fut pas trompée dans ses espérances; elle eut seulement à attendre leur accomplissement, que Charlemagne essaya d'ajourner, d'entraver, bien loin de vouloir le hâter. Mais le régime féodal, vainement combattu par la dynastie à laquelle il avait demandé un appui, était déjà le maître, et il se saisissait du pays, qu'il allait, sans le vouloir, sans le prévoir, préparer par la diversité à l'unité.

La diversité d'origine des populations, qui habitaient la Gaule entraîna-t-elle, par elle-même et de plein droit, quelque inégalité de condition? L'une de ces populations eut-elle, comme prérogative de naissance, des avantages sociaux déterminés, la noblesse, les fonctions publiques, la propriété? Il faut bien que rétrospectivement au moins on ait été porté à attacher à l'existence d'une race conquérante l'idée d'une profonde différence dans les situations, puisque la plupart des publicistes qui ont défendu l'intérêt soit de la liberté, soit de l'égalité, ont énergiquement nié le fait de la conquête germanique. Ainsi Hotman, dans sa *Franco-Gallia* (1574), soutient que la Gaule n'a pas été envahie, mais affranchie par les Germains, qui ont aidé les indigènes à secouer le joug romain, et que le nom de Francs (*hommes libres*, d'après Hotman), donné aux libérateurs, est devenu le nom de la nation délivrée, dans laquelle ils se sont fondus.

L'abbé Dubos (1734-1742, *Histoire de l'Établissement de la Monarchie française dans la*

Gaule) nie aussi le fait de la conquête, mais soutient que les Francs n'étaient pas des ennemis des Romains, qu'ils étaient leurs alliés, qu'ils ont reçu des empereurs le gouvernement de la Gaule, et succédé aux droits de l'empire; qu'ils ont spécialement, en 540, obtenu de l'empereur Justinien la cession de la pleine souveraineté. Dans ce système, l'état des personnes, l'ordre civil et politique, n'auraient pas subi de révolution.

La conclusion de l'abbé Dubos, c'est que les Gaulois conservèrent le droit romain et la pleine possession de leur ancienne condition sociale; que chaque cité des Gaules garda son sénat municipal, sa milice, et le droit d'administrer ses propres affaires; que les Francs vivaient sous des lois différentes, sur un pied d'égalité; qu'ils étaient également admis à tous les emplois publics, et *soumis à tous les impôts*.

Presque en face de Hotman et par une sorte de réaction, le jurisconsulte Loyseau va affirmer le fait de la conquête germaine, et en exagérer les conséquences. Il va demander à ce fait, non des titres de légitimité, mais des explications historiques pour l'inégalité ou le privilége. « Pour le regard de nos Français, « quand ils conquêtèrent les Gaules, c'est « chose certaine qu'ils se firent seigneurs des « personnes et des biens d'icelles, j'entends « seigneurs parfaits, tant en la seigneurie « publique, qu'en la propriété ou seigneurie « privée.—Quant aux personnes, ils firent les « naturels du pays serfs, non pas toute- « fois d'entière servitude, mais tels à peu « près que ceux que les Romains appelaient « ou *Censitos ceu adscriptitios*, ou *Colonos ceu* « *glebæ addictos*, qui étaient deux diverses « espèces de demi-serfs, s'il faut ainsi par- « ler, dont les premiers sont appelés en nos « coutumes *gens de mainmorte*, ID EST MOR- « TUÆ POTESTATIS, ou *gens de pote*, ID EST « ALIENÆ POTESTATIS. » (*Des Seigneuries*, chap. I.)

Loyseau reproduit et développe le même système dans son traité des *Ordres et simples Dignités* : « Ou bien la noblesse de France prit « son origine de l'ancien mélange des deux

« peuples, qui s'accommodèrent ensemble-
« ment en ce royaume, à savoir des Gaulois
« et des Francs, qui les vainquirent et a su-
« jettirent à eux, sans toutefois les vouloir
« chasser et exterminer. Mais ils retinrent
« cette prérogative sur eux, qu'ils voulurent
« avoir seuls les charges publiques, le manie-
« ment des armes et la jouissance des fiefs,
« sans être tenus contribuer aucuns deniers
« soit aux seigneurs particuliers des lieux,
« soit au souverain pour les nécessités de
« l'Etat : au lieu de quoi, ils demeurèrent
« seulement tenus de se trouver aux guerres.
« —Mais quant au peuple vaincu, il fut réduit
« pour la plupart en une condition de demi-
« servitude, telle que les Romains inventèrent
« aux derniers temps, de ceux qu'ils appe-
« lèrent *Censitos seu adscriptitios*, ou *Colonos*
« *seu glebœ addictos*, c'est-à-dire *gens de main-*
« *morte ou de pote, ou de suite,* mots que j'ai
« interprétés ailleurs; et outre cette demi-
« servitude, et qu'il était incapable et des
« offices et des armes et des fiefs, il était
« tenu de payer à son seigneur le cens ou

« tribut de sa terre, et encore était tenu de « fournir deniers extraordinairement pour « les nécessités de l'Etat : qui était possible « la même condition, à laquelle le même « peuple de Gaule aurait été réduit d'an- « cienneté par la noblesse, selon le dire de « César. » (*Traité des Ordres*, chap. IV, § 29.)

Loyseau n'était cependant pas le champion de la féodalité, il la poursuivait d'une haine ardente, et il semble en vérité qu'en présentant l'antagonisme des races comme un fait dominateur, en faisant de la nation deux peuples, il cherchait un instrument de guerre et devançait M. Guizot, non pas l'historien si impartial et d'un esprit si vaste et si élevé, mais l'incisif, l'éloquent polémiste de 1820 qui écrivait : « Treize siècles se sont employés « parmi nous à fondre, dans une même exis- « tence, la race conquérante et la race con- « quise, les vainqueurs et les vaincus. La di- « vision primitive a traversé leurs cours et « résisté à leur action. La lutte a continué « dans tous les âges, sous toutes les formes, « avec toutes les armes ; et lorsqu'en 1789

« les députés de la France entière ont été « réunis dans une seule assemblée, les deux « peuples se sont hâtés de reprendre leur « vieille querelle. Le jour de la vider était « enfin venu. » (*Du Gouvernement de la « France depuis la Restauration et du Mi- « nistère actuel*, 2e édit., page 2.)

Le comte de Boulainvilliers (*Histoire de l'ancien Gouvernement de la France*, 1727) s'arme, lui, du fait de la conquête, non pas contre, mais pour la féodalité, dont il défend la cause; ce fait, selon lui, non-seulement explique, mais justifie la loi d'inégalité et de privilége. C'est la pensée de son livre qui est répandue partout, et qu'il faut dès lors analyser. J'emprunte l'analyse d'Augustin Thierry : « La conquête des Gaules est le « fondement de l'Etat français dans lequel « nous vivons ; c'est à elle qu'il faut rapporter « l'ordre politique suivi depuis par la nation ; « c'est de là que nous avons tous reçu notre « droit primordial. Les Français, conquérant « les Gaules, y établirent leur gouvernement « tout à fait à part de la nation subjuguée,

« qui, *réduite à un état moyen entre la ser-
« vitude romaine et une sorte de liberté, privée
« de tout droit politique et en grande partie
« du droit de propriété*, fut destinée par les
« conquérants au travail et à la culture de la
« terre. Les Gaulois devinrent *sujets*, les
« Français furent *maîtres et seigneurs*. Depuis
« la conquête, les Français originaires ont
« été les véritables nobles et les seuls capables
« de l'être. Tous les Français étaient libres,
« ils étaient tous égaux et compagnons. Clovis
« n'était que le général d'une armée libre,
« qui l'avait choisi pour la conduire dans des
« entreprises dont le profit devait être com-
« mun. Les Français d'origine, seuls nobles
« reconnus dans le royaume, jouissaient à
« ce titre d'avantages réels, qui étaient
« l'exemption de toutes charges pécuniaires,
« les jouissances des biens réservés au domaine
« public, l'exercice de la justice entre leurs
« pareils et sur les Gaulois, habitants de
« leurs terres, la liberté de se défendre ou
« d'attaquer à main armée, enfin le droit de
« voter les lois et de délibérer sur toute espèce

« de matières dans l'assemblée générale de « la nation. »

Ainsi, l'historien de l'*ancien Gouvernement de la France* fait la noblesse héritière de tous les priviléges de la conquête.

Il est vrai qu'un publiciste, très-favorable à la démocratie, l'abbé de Mably (*Observations sur l'Histoire de France*, 1765), admet le fait de la conquête germanique, et pourtant sa conclusion n'est pas l'inégalité et le privilége. C'est que, pour lui, cette conquête n'aurait été, à l'origine, que l'importation d'un vrai gouvernement républicain, dont les avantages et les prérogatives civiques étaient accessibles à tous, même aux Gallo-Romains, qui n'avaient, pour se les approprier, qu'à déclarer qu'ils entendaient vivre sous la loi des conquérants; chacun, dans ce système, aurait eu sous la main un moyen simple, facile, d'effacer toutes les distinctions d'origine, et de rétablir à son profit l'égalité, puisque la république germanique aurait toujours été ouverte et se serait en quelque sorte offerte à tous.

Je n'ai pas encore à m'expliquer sur ce

mode facultatif de naturalisation. Je constate seulement que la différence d'origine et la diversité de races n'ont pas été regardées comme des faits indifférents, et que, généralement, on leur a attribué, qu'on les vît avec faveur ou avec répugnance, une grande part d'influence sur l'inégalité des prérogatives sociales et des avantages politiques.

Le fait de la conquête a-t-il eu, a-t-il conservé longtemps au moins les conséquences que des opinions, très-contradictoires dans leurs conclusions, ont semblé lui reconnaître depuis plusieurs siècles? C'est là un point capital, qui appelle une solution et sur lequel il importe de signaler au moins les principales controverses.

Que la conquête ait nécessairement entraîné, dans les premiers temps et sous de certaines conditions, la prééminence des Francs sur les Romains et les Gaulois, c'est ce qu'il est difficile de nier. Mais implique-t-elle la confiscation à titre universel des terres? implique-t-elle l'esclavage, ou même seulement l'assujettissement des populations vaincues? Ce sont là deux questions, intimement liées sans doute, mais distinctes pourtant, qui doivent être appréciées séparément.

Et d'abord, les Francs envahirent-ils toutes les propriétés, les propriétés privées comme les propriétés fiscales et publiques ? Ne firent-ils des Romains et des Gaulois expropriés que des instruments d'exploitation et de culture ? Cette question a soulevé des systèmes bien opposés et bien absolus. Ecoutons d'abord Loyseau : « Quant aux terres de la Gaule, les « Français victorieux les confisquèrent toutes, « c'est-à-dire attribuèrent à leur Etat l'une « et l'autre seigneurie d'icelles. Et hors celles « qu'ils retinrent au domaine du prince, ils « distribuèrent toutes les autres par climats « et territoires aux principaux chefs et capi- « taines de leur nation : donnant à tel toute « une province à titre de duché ; à tel autre « un pays de frontière à titre de marquisat ; « à un autre une ville, avec son territoire « adjacent, à titre de comté ; bref, à d'autres « des châteaux ou villages, avec quelques « terres d'alentour, à titre de baronnie, chas-

« tellenie, ou simple seigneurie, selon les « mérites particuliers de chacun, et selon le « nombre de soldats qu'il avait sous lui, car « c'était tant pour eux que pour leurs soldats. « Mais ces terres ne leur étaient pas baillées « *optimo jure*, pour en jouir en parfaite sei- « gneurie ; mais voulant établir une monar- « chie assurée, ils en retinrent par devers « l'Etat, non-seulement la seigneurie pu- « blique, mais aussi se réservèrent un droit « sur la seigneurie privée, qui n'aurait point « été connu par les Romains, droit que nous « avons appelé seigneurie directe, qui est « une espèce ou degré de seigneurie privée. » (*Des Seigneuries*, chap. I.)

Même en lui accordant son point de départ, Loyseau devance singulièrement le temps, puisqu'il ne voit dans tout le territoire que la propriété bénéficiaire, qu'il fait table rase de la propriété allodiale, de la propriété indépendante, que les conquérants ne devaient qu'à eux et à leurs victoires, alors même qu'ils n'eussent respecté aucun titre antérieur. Pour lui, le premier roi des Francs est déjà le chef d'une hiérarchie foncière, et comme la clef de voûte de l'édifice féodal.

L'abbé Dubos (t. II, ch. XIII) nie avec énergie le fait de cette grande spoliation; il le nie, non-seulement en tant que confiscation générale, mais en tant que confiscation partielle. Clovis n'aura disposé que des anciens bénéfices militaires, fondés par les Romains, et des terres qui faisaient partie des domaines des empereurs, parce qu'elles leur avaient été dévolues à titre de déshérence ou de confiscation ; il n'avait pas enrichi les Francs aux dépens des propriétés privées.

L'abbé Dubos admet l'existence de la propriété allodiale, d'une propriété indépendante, qui n'est pas une émanation et une concession de la souveraineté des rois francs; c'est la propriété gallo-romaine ; quant aux compagnons, aux chefs et aux soldats, ils ont obtenu des rois, à titre de récompense, les Saliens, la terre salique; les Ripuaires, la terre aviatique ; mais cette propriété est une propriété octroyée, une propriété marquée du sceau de la concession, et qui a presque déjà le caractère d'un fief. Avec un point de départ radicalement opposé à celui de Loyseau, l'abbé Dubos s'associe à une méprise très-commune, en reportant dans le passé un fait qui ne s'est produit avec généralité que beaucoup plus tard.

De nos jours, plusieurs de nos érudits, M. Raynouard (*Histoire du Droit municipal en France*, t. I, p. 254), M. Pardessus (*Huitième Dissertation sur la Loi salique*, p. 354), et M. de Pétigny (*Etude sur l'Histoire des Lois et Institutions de l'Époque mérovingienne*, t. II, p. 577-580) ont essayé de relever, en le corrigeant, le système de l'abbé Dubos. Ils soutiennent que les Francs respectèrent les propriétés privées, qu'ils ne s'emparèrent que des terres du fisc, et des terres vacantes, dépendant du domaine public (1).

Je m'attache à la discussion de M. de Pétigny, parce que c'est la plus complète et la plus récente, et qu'elle a, comme je vais l'établir bientôt, tiré parti des argumenta-

(1) Voir dans le même sens, M. de Savigny, *Histoire du Droit romain*, traduction Guenoux, t. I, p. 207.

tions antérieures. Pour M. de Pétigny, la domination des Francs fut bien plus l'œuvre des idées que de la force matérielle; Clovis lui apparaît comme un ancien chef de la milice romaine, qui, après la chute de l'empire, patronné par l'intérêt catholique et bientôt s'y dévouant, combat l'arianisme à l'est et au sud, et se fait, même contre les siens, une arme de la civilisation romaine. Ce rôle de Clovis n'est-il pas incompatible avec une usurpation? A cet argument principal, M. de Pétigny ajoute un argument secondaire.

« Toutes les fois qu'on touche à la pro-
« priété, *on ébranle les fondements de l'ordre*
« *social*. De semblables révolutions ne peu-
« vent passer inaperçues. Leurs conséquences
« s'étendent à l'infini, et se font sentir jusque
« dans un lointain avenir; elles produisent
« surtout une vive impression sur les con-
« temporains, puisqu'elles déplacent les for-
« tunes et remuent tous les intérêts. Aussi,
« les événements qui ont bouleversé la pro-
« priété foncière, ont toujours été ceux sur
« lesquels l'histoire nous a transmis les do-

« cuments les plus exacts et les plus nom-
« breux. Nous connaissons parfaitement l'é-
« poque précise de tous les partages de terres
« opérés entre les barbares et les populations
« romaines sur le sol de l'empire. Nous sa-
« vons dans quelles proportions, suivant
« quel mode, dans quelles circonstances,
« les Bourguignons, les Goths, les Vandales,
« les soldats d'Odoacre se sont établis pro-
« priétaires aux dépens des anciens posses-
« seurs. Les preuves de ces faits sont partout,
« dans l'histoire, dans les lois, dans les actes
« officiels, dans tous les écrits du temps.
« Certainement si quelque chose de sem-
« blable s'était passé dans les provinces sou-
« mises aux Francs, les mêmes sources nous
« donneraient à leur égard les mêmes lu-
« mières. Mais elles se taisent, et il est im-
« possible d'en extraire un seul document,
« d'où l'on puisse inférer que les Francs
« aient partagé les terres avec les habitants
« du pays. La loi salique, les décrets des
« rois mérovingiens, les chartes, les chroni-
« ques, ne présentent pas le moindre vestige

« de ce grand déplacement de la propriété.
« Quel témoignage plus irréfragable que ce
« silence universel, surtout lorsqu'il vient
« à l'appui de tout un ensemble de preuves
« positives, tirées de faits historiques et de
« la marche des événements? ».

Cette objection n'est pas nouvelle. M. de Pétigny l'a empruntée à l'abbé Dubos :
« Nous avons avancé, en second lieu, que
« les monuments littéraires de nos antiqui-
« tés ne disaient rien, d'où l'on pût induire
« que les Francs, lorsqu'ils s'établirent dans
« les Gaules, s'y fussent approprié aucune
« partie des terres possédées par les particu-
« liers, anciens habitants du pays, et par les
« Romains. En effet, il n'est rien dit dans
« les documents du temps, il n'est rien dit
« dans la loi salique, dans la loi ripuaire, ni
« dans les *Capitulaires*, qui suppose que les
« Francs eussent commis une pareille in-
« justice. Si jamais elle avait été faite, il y
« aurait eu dans les historiens, il y aurait
« eu dans les trois codes que je viens de
« citer, plusieurs sanctions ou plusieurs faits

« relatifs à cette appropriation de la moitié « ou des deux tiers des terres aux Francs. ». (*Histoire de la Monarchie française*, liv. VI, art. 7.)

M. Laferrière (*Histoire du Droit civil de Rome et du Droit français*, t. III, p. 233) se rallie, sur ce point, à l'opinion de l'abbé Dubos, de MM. Raynouard, Pardessus et de Pétigny, et bien qu'il croie au fait de la conquête, il pense que les Francs ne s'emparèrent que des propriétés fiscales.

Une opinion intermédiaire s'est depuis bien longtemps produite. C'est une sorte de conciliation entre les deux solutions absolues. Je la trouve dans un auteur que l'on ne cite plus guère, et qui me semble dans cette controverse très-près de la vérité. Le Laboureur dit que les Francs étaient bien moins une nation qu'une armée.

« Il faut faire une différence entre les « pays qu'il (Clovis) avait conquis, et ceux « qui se donnèrent à lui. Ceux qui se don- « nèrent, conservèrent leurs biens, c'est-à- « dire leurs alleux, car ils empruntèrent

« depuis ce nom-là de la langue franque,
« et de l'usage des Francs ; mais il disposa
« plus absolument de ce qu'il avait conquis
« sur les restes des Romains et sur les Gaules
« de leur parti, depuis la forêt Char-
« bonnière jusqu'à la rivière de la Loire,
« ainsi qu'il fit depuis des autres conquêtes
« sur les Wisigoths et les Bourguignons ; et
« après en avoir pris sa part pour domaines,
« il partagea le reste entre les Francs ou
« Saliens de son armée. » (*Histoire de la Pairie,* t. I, p. 239.)

Les Bourguignons et les Visigoths avaient fait un partage avec les Gallo-Romains. Nous employons l'expression de Gallo-Romains, parce que, vis-à-vis des Germains, il n'y avait pas de distinction entre les indigènes et les Romains. Les Francs, justement parce qu'ils étaient des conquérants et non des alliés, ne firent pas de partage avec les vaincus ; ils prirent, dit Montesquieu, ce qu'ils voulurent. (*Esprit des Lois*, liv. XXX, chap. VII.)

Montesquieu dit encore : « Ils (les Francs)
« ne dépouillèrent pas les Romains dans

« toute l'étendue de leur conquête : qu'au-
» raient-ils fait de tant de terres? Ils prirent
« celles qui leur convinrent et laissèrent le
« reste. »

L'objection, déduite du silence des lois salique et ripuaire sur le partage des terres, n'avait pas échappé à Montesquieu, qui rudoyait l'abbé Dubos, mais le lisait. Seulement, et avec beaucoup de raison, il n'avait pas conclu de l'absence de la preuve écrite du fait à sa non-existence. Il avait toutefois laissé cette objection sans réponse.

L'abbé de Mably, que M. de Pétigny appelle le copiste de Montesquieu (et ce serait souvent un copiste fort infidèle), s'est préoccupé de l'argument de l'abbé Dubos, que notre siècle a reproduit. « Le silence de
« nos lois et de Grégoire de Tours sur un
« fait si important permet de conjecturer
« que les Francs se répandirent sans ordre
« dans les provinces qu'ils avaient subju-
« guées, et s'emparèrent sans règles d'une
« partie des possessions des Gaulois, terres,
« maisons, esclaves, troupeaux : chacun prit

« ce qui se trouvait à sa bienséance, et se « fit des domaines plus ou moins considé- « rables suivant son avarice, ses forces, ou « le crédit qu'il avait dans la nation. »

L'opinion de Montesquieu, que Mlle de Lezardière (1), M. Guizot (2), Augustin Thierry (3) et M. Henri Martin (4) ont suivie, me paraît mériter la préférence. Le fait de la conquête n'est guère compatible avec le respect absolu des propriétés privées. Mais, dit-on, où sont les traces des plaintes et des protestations des spoliés ? Les historiens et les publicistes, qui ont fait cet argument, ne se sont peut-être pas rendu un compte parfaitement exact de l'état des populations. Les empereurs romains avaient tellement écrasé la Gaule d'impôts, ils avaient usé de mesures si violentes pour assurer leur recouvrement, en enchaînant à la curie, pour l'enchaîner à

(1) *Théorie des Lois politiques*, t. I, p. 87 et 381-386.

(2) *Histoire de l'Origine du Gouvernement représentatif*, IIe leç.

(3) *Récits mérovingiens*, *Considérations sur l'Histoire de France*, chap. I et IV.

(4) *Histoire de France*, 4e édition, p. 412.

une double responsabilité oppressive, la classe intermédiaire entre la classe des privilégiés, la classe des militaires, ecclésiastiques, sénateurs, fonctionnaires de tout ordre et clarissimes, et la classe infime, la classe des prolétaires, comme nous dirions aujourd'hui, que la petite et la moyenne propriété avaient presque entièrement disparu. Les curiales, c'est-à-dire tous ceux qu'une certaine fortune désignait au fisc, étaient d'une part chargés de la perception des impôts, et solidairement garants de l'insolvabilité des contribuables, et étaient, d'autre part, tenus, sous la même solidarité, des charges locales pour tout ce qui excédait les ressources municipales.

Poursuivis, traqués, lorsqu'ils essayaient de se dérober à l'étreinte de ces obligations, ils durent succomber sous un si pesant fardeau ; il n'y avait plus de nation, parce qu'il n'y avait plus que de grands propriétaires, des colons et des serfs. Les grands domaines avaient absorbé les petits. Voilà pourquoi Clovis, à la tête d'une armée d'à peine six mille hommes, ne rencontra pas cette résistance compacte, énergique, toujours renaissante, qu'eût offerte une propriété éparse, divisée et prospère, entre les mains d'une population serrée et libre, ralliée par le péril d'intérêts communs. Comment, lorsque l'invasion ne rencontrait que si peu d'obstacles, lorsqu'elle n'était combattue que par quelques débris de légions romaines, l'occupation partielle d'immenses propriétés privées eût-elle pu être l'objet de longues luttes? L'inertie en face de l'usurpation a les mêmes causes que l'inertie en face de la conquête de la souveraineté politique. Du VIIe au Xe siècle, on voit de nombreux exemples d'envahissement de la part de chefs puissants : les lois, qui tendent à les réprimer, les attestent. Comment les conquérants n'auraient-ils pas fait, à l'origine et pour s'établir, ce qu'ils continuaient de faire encore après leur établissement ?

C'est dans la Gaule que les Francs s'initièrent à la stabilité de la propriété. En Germanie, la propriété véritable n'était pas connue ; elle changeait tous les ans de mains : *arva per annos mutant*, écrit Tacite (*de Mori-*

bus Germanorum, ch. XXVI), qui confirme le le témoignage de César (*de Bello gallico*, liv. VI, chap. XXII, et liv. IV, chap. I). Dans la Gaule, les Francs étendirent, consolidèrent par leurs victoires la propriété qu'ils avaient reçue comme un salaire de l'empire romain, et ils la dégrevèrent. La propriété conquise, la terre que je n'appelle pas la terre salique, pour ne pas préjuger une question à indiquer plus tard, devint la récompense des compagnons, le témoignage de reconnaissance de la valeur et des services ; mais elle ne devint pas une propriété exclusive de la propriété romaine. Le défenseur des prérogatives de la conquête, Boulainvilliers, moins absolu que le jurisconsulte Loyseau, reconnaît, comme nous le verrons bientôt, que plusieurs Gallo-Romains conservèrent leurs terres en tout ou en partie. (*Histoire de l'ancien Gouvernement de la France.*)

Les Francs ne devinrent pas même tous propriétaires ; la qualité d'homme libre était indépendante de la question de propriété.

« Ce serait, » dit M. Guizot (*Essais sur*

l'Histoire de France, 4ᵉ essai, ch. I, § 1), « une
« grande erreur de croire qu'après la con-
« quête tous les Francs devinrent proprié-
« taires, et qu'ainsi le nombre des alleux
« devint tout à coup considérable.... On se
« formerait d'ailleurs une idée très-fausse
« du mode de distribution ou de partage des
« terres, si l'on supposait qu'après le succès
« d'une expédition, et quand elle voulait
« s'établir dans le pays conquis, une bande
« de guerriers se dissolvait en individus,
« dont chacun allait habiter avec sa famille
« la terre isolée qui lui était échue. Une
« telle dispersion eût été fort périlleuse
« pour les conquérants, et, de plus, elle
« eût rompu toutes les habitudes de vie
« commune, d'exercices, de jeux, de ban-
« quets continuels, qu'ils avaient contractées
« dans leurs courses, ce qui fait à ce pre-
« mier degré de civilisation l'unique diver-
« tissement de l'homme grossier et oisif.
« Le travail seul rend l'isolement suppor-
« table, et les Francs ne travaillaient pas.
« Chaque bande comprenait un certain

« nombre de chefs, suivis chacun d'un « certain nombre de compagnons. Chaque « chef prit ou reçut des terres pour lui et « ses compagnons, qui ne cessèrent pas de « vivre avec lui. Quand la nature même « des choses, et plus tard l'établissement « du système féodal, ne prouveraient pas « invinciblement qu'ainsi durent se passer « les faits, une circonstance particulière ne « permettrait pas d'en douter : c'est le grand « nombre de Francs qui paraissent sans « propriétés personnelles, et vivant sur les « terres, dans les *villæ*, soit du roi, soit de « quelque chef. Les lois sont pleines de « dispositions qui règlent les droits et le « sort de cette classe d'hommes ; elles or- « donnent la convocation et l'assemblée pu- « blique des hommes libres qui habitent « sur la terre d'autrui. Enfin, nous avons la « formule du contrat, par lequel un homme « se mettait alors, non-seulement sous la « protection, mais au service d'un autre, à « charge d'être nourri et vêtu, et sans « cesser d'être libre. Ce genre de contrat,

« qui n'était guère que la rédaction écrite « de l'ancienne relation du compagnon au « chef, devenue, il est vrai, moins libre et « moins égale, explique ce grand nombre « d'hommes libres vivant et servant sur les « terres d'autrui. Le nombre des Francs « directement et personnellement proprié- « taires d'alleux fut donc d'abord assez peu « étendu. »

Si un bon nombre de petits propriétaires gallo-romains échangèrent leur qualité contre celle de possesseurs de terres tributaires, s'ils devinrent tantôt de véritables serfs, tantôt des lites (et ce mot est tout à fait étranger à ce qu'étaient les concessionnaires des terres létiques avant la chute de l'empire romain) (1), tantôt seulement des fermiers ou des cultivateurs grevés de cens ou de charges variées, mais avec un droit héréditaire à la culture, ils subirent une nécessité qui pesa sur les faibles et qui finit par atteindre

(1) Voir M. Pardessus, *Dissertation quatrième sur la Loi salique*, chap. II, p. 475 et 476.

aussi bien les Francs que les anciens habitants du pays.

Quant à la liberté, fut-elle l'apanage et la prérogative des Francs? Les vaincus ne furent-ils pas nécessairement réduits à l'état de colons, soumis à un état moyen entre la servitude romaine et une sorte de liberté? Notre solution sur la question de conservation par les Gallo-Romains d'une partie au moins de leurs propriétés privées préjuge singulièrement cette seconde question. Comprendrait-on logiquement le droit de propriété, cette œuvre de la liberté humaine, survivant à la cause qui l'aurait produite? Des conquérants pouvaient sans doute respecter la liberté des peuples conquis, en confisquant toutes les propriétés privées; mais le maintien du titre de propriétaire semble impliquer le maintien du titre de l'homme libre. Toutefois l'histoire dément souvent les conclusions rigoureuses de la logique. Les *lites,* dont la condition n'était ni l'entière liberté ni l'entière servitude, pouvaient acquérir des biens en propre et en disposer. Les Gallo-Romains, tout en conservant une partie de leurs biens, n'auraient-ils pas pu être assimilés aux *lites* (1)? Non; en fait, ils conservaient tous les droits de l'ingénuité. Il y a des écrivains qui parlent de l'assujettissement des Gallo-Romains, mais ce sont ceux qui croient à la confiscation à titre universel des terres de la Gaule. J'ai déjà cité un passage curieux de Loyseau, dont Boulainvilliers semble s'être approprié la thèse dans un but bien contraire aux tendances du vieux légiste.

Loyseau apporte toutefois quelque tempérament aux rigueurs de sa solution: « Il est « à croire, dit-il, qu'ils (les conquérants) ne « réduisirent pas tous les anciens nobles du « pays à ce misérable état (de demi-servi- « tude). » Boulainvilliers a admis, en l'élargissant, la restriction de Loyseau, et il l'a appliquée non-seulement à la liberté, mais à la propriété: « Il est vrai, toutefois, « qu'entre les Gaulois il y en eut plusieurs

(1) Pardessus, 4e *Dissertation sur la Loi salique*, p. 485.

« qui conservèrent ce qu'on appelait l'in-
« génuité et qui gardèrent leurs terres en
« tout ou en partie, de sorte que, par une
« suite nécessaire, ils continuèrent de pos-
« séder propriétairement les hommes qui s'y
« trouvaient, c'est-à-dire qu'ils eurent eux-
« mêmes des esclaves. » (*Histoire de l'ancien Gouvernement de la France*, t. I, p. 35, édition de la Haye, d'Amsterdam, 1727.)

A notre sens, les conquérants et les Gallo-Romains conservèrent leur condition sociale avec toutes ses variétés. Les Gallo-Romains n'avaient pas tous les prérogatives de l'ingénuité; à côté ou au-dessous des hommes libres, vivaient des esclaves, des serfs et des colons dans des degrés très-divers d'assujettissement. Les Germains eux-mêmes, bandes guerrières et tribus, arrivaient avec de grandes différences de classes; la conquête ne devait pas effacer ces différences. Les serfs germains restèrent serfs, et les Gallo-Romains libres gardèrent leur liberté.

« Dans le commencement de la première

« race, on voit, dit Montesquieu, un nombre « infini d'hommes libres, soit parmi les « Francs, soit parmi les Romains. » (*Esprit des Lois*, liv. XXX, chap. XI.) (1)

Les Gallo-Romains ne furent nullement tenus pour indignes des charges, des fonctions publiques et même de celles qui devaient les rapprocher le plus de la royauté. Ceux d'entre eux qui, par leurs richesses, leurs lumières, avaient acquis de l'importance, furent ménagés, caressés et souvent préférés, pour les conseils et les hautes positions, aux Francs, que la communauté d'origine et de triomphe, et aussi l'impatience de toute souveraineté permanente et régulière, rendaient ou incommodes ou exigeants.

Les rois francs comprirent bien vite les avantages de la civilisation romaine, et ils n'épargnèrent aucun effort pour s'assurer l'héritage de sa tentante autorité; les leudes et les antrustions étaient pris par le roi non-

(1) Voir Mlle de Lézardière, *Théorie des Lois politiques*, t. I, p. 87 et 386.

seulement parmi les Romains riches et libres (Fredegaire, *Chroniques*, chap. XXIV et XXVI, années 604-605, et *ibid.*, chap. XXVIII), mais parmi les affranchis, les esclaves même (Grégoire de Tours, *Histoire de France*, liv. V, chap. XLVIII). Des ducs, des comtes, des maires du palais étaient ou des Gaulois ou des Romains de naissance : les Francs ne gardèrent pas, comme l'a écrit M. Lehuërou (1), toutes les charges dans l'ordre militaire.

L'origine n'était une exclusion pour aucune des plus hautes dignités de l'Etat. Or, les leudes, les antrustions (Francs, Romains ou Gaulois) avaient sur les hommes libres, même Germains, une grande supériorité d'influence; sans doute la qualité de leude ou d'antrustion n'était pas, primitivement, héréditaire; elle n'était que personnelle. La qualité de Franc, au contraire, était, par sa nature, héréditairement transmissible; seulement, le temps devait atténuer et finir par abolir la notabilité attachée à la nais-

(1) *Histoire des Institutions mérovingiennes et carlovingiennes*, t. Ier, p. 323.

sance, et agrandir la notabilité résultant de la possession des charges et de la fortune qui en était la rémunération; les antrustions et les leudes mirent tout en œuvre pour perpétuer dans leur famille les avantages de leur position. S'ils n'atteignirent pas complétement et d'une manière absolue ce but, ils le réalisèrent au moins partiellement, tandis que les Francs d'origine, qui ne purent obtenir ou conserver, soit les offices publics, soit les charges de cour, soit les faveurs ou du roi ou de quelque chef puissant, tombèrent dans la condition de colons et même de serfs. M. Guizot (4e *Essai,* chap. III, § 3) a très-bien dit que c'est à la classe des leudes, plutôt qu'à celle des Francs, que la noblesse moderne se rattache. (Voir aussi M. de Pétigny, t. III, p. 257.)

On a objecté, pour prouver l'infériorité légale des Gallo-Romains, la différence établie par certaines lois germaniques, entre le taux du rachat du meurtre d'un Germain et le taux du rachat du meurtre d'un Romain : il est, en effet, certain que la loi des Saliens et la loi des Ripuaires ne fixèrent qu'à 100 sous, c'est-à-dire à la moitié du prix du Germain, le prix du Romain. M. de Pétigny s'est préoccupé de cette objection, qui, suivant lui, n'implique, sous aucun rapport, l'asservissement des populations gallo-romaines. La réponse de l'éminent érudit, et j'aurai bientôt à en apprécier le point de départ, c'est que les lois salique et ripuaire n'ont été que traduites en latin, et que les traditions, dont il n'y avait pas de monuments écrits en Germanie, ont été recueillies dans l'état antérieur à leur importation en Gaule (t. III, p. 350).

Cette explication n'est pas absolument satisfaisante. Je ne nie pas, j'ai au contraire reconnu la prééminence du Franc sur le Gaulois ou le Romain; cette prééminence, sans constituer une noblesse et surtout un titre au monopole des avantages sociaux, était une suite toute naturelle du fait de la conquête. Mais les lois salique et ripuaire imposaient une composition d'un taux supérieur pour les antrustions, les gravions ou comtes et les sagibarons. Or, si les Gaulois ou les Romains pouvaient parvenir aux fonctions publiques et devenir leudes, il semble qu'ils auraient dû être protégés par les aggravations de tarif, réclamées soit par la dignité royale, soit par la dignité de leur office. (*Loi salique*, tit. XLIV, art. 4, tit. XLVII, art. 3. — *Loi des Ripuaires*, tit. LIII, art. 1.)

Cependant la composition pour le meurtre du Romain *conviva regis*, n'était que de 300 sous, tandis que celle du meurtre de l'antrustion était de 600 sous. Le titre de *conviva regis* correspondait-il dans la langue des Romains au titre d'antrustion? M. Pardessus, dans son beau travail sur la loi salique, le présume (pages 489 et 509), sans dissimuler que son opinion rencontre des objections. Mais encore une fois, l'infériorité relative des Romains sous le rapport des compositions, emporte-t-elle l'idée de leur assujettissement, ou seulement même l'idée de leur exclusion de tout droit politique?

M. Guizot, qui ne traite pas cette question, mais qui éclaire, par ses aperçus, même les difficultés qu'il ne soulève pas, a démontré, d'une manière générale, l'impuissance de la tentative de déterminer l'état des personnes d'après la valeur légale de la vie des hommes. (*Histoire du Gouvernement représentatif*, XVIe leçon.)

Une certaine nature de biens, appelée tantôt *biens fiscaux*, tantôt des *honneurs*, tantôt des *bénéfices*, et c'est ce dernier nom que nous leur donnons le plus habituellement aujourd'hui, quand nous parlons de cette période, quoiqu'il n'ait pas tardé à être remplacé par le nom de *fiefs*, devait singulièrement fortifier l'influence des leudes et des antrustions de toute origine.

Les bénéfices furent-ils, comme le dit Montesquieu, concédés d'abord précairement, puis à temps, mais sans précarité, ensuite à vie, et enfin rendus assez généralement héréditaires? Ou bien, au contraire, comme le dit M. Guizot, trouve-t-on, à toutes les époques, sous les Mérovingiens et les Carlovingiens, des bénéfices arbitrairement révoqués par le donateur, des bénéfices temporaires, des bénéfices concédés à vie, des bénéfices donnés ou retenus héréditairement? Qu'importe, pour notre cadre restreint, cette question de succession ou de simultanéité? Ce qui est certain, c'est que les bénéfices formaient une sorte de patrimoine politique, régi bien plus par la loi politique que par la loi civile, un patrimoine réservé aux hommes en crédit, aux fidèles que les chefs associaient à leur puissance. Je n'ai pas à examiner si ces bénéfices dérivaient d'une institution romaine, ou d'une coutume germanique. Ce que je veux constater seulement, c'est qu'ils enrichissaient une classe, qui n'était ni exclusivement germanique, ni exclusivement gallo-romaine; c'est qu'ils appelaient et récompensaient toutes les grandes influences. La propriété bénéficiaire était donc encore un moyen de fusion.

Si cette fusion s'opérait par les sommités sociales, est-ce qu'elle ne se produisait pas partout, dans toutes les sphères, par les mariages? Est-ce que les alliances entre les familles germaniques et les familles gallo-romaines ne tendaient pas à détruire les diversités et les inégalités d'origine?

Sans doute, les mariages entre Wisigoths et Romains, et *vice versâ*, avaient été interdits; mais, d'une part, cette interdiction ne tarda pas à être tempérée par des dispenses, et fut entièrement révoquée en 653; et, d'autre part, la loi salique n'offrait aucune trace d'une pareille interdiction: aussi l'histoire nous fournit-elle beaucoup d'exemples d'alliance entre les familles des Francs et les familles des Gallo-Romains. Sans doute encore, la loi des Ripuaires, sans prohiber ces sortes de mariage, les traite avec défaveur, puisqu'elle décide que, si un Romain épouse une Ripuaire, née libre, ou si un Ripuaire, né libre, épouse une Romaine, les enfants qui naîtront de ces alliances, seront de la condition de celui des époux, dont l'état est le moindre. *Generatio eorum semper ad inferiora declinetur* (tit. LIII, art. 11). Ce texte, en même temps qu'il établit la légalité des unions dont nous recherchons l'influence, confirme l'idée d'une certaine supériorité de condition au profit des conquérants sur les populations conquises ; mais nous avons déjà essayé de faire la part de cette idée, qui n'est pas sans vérité. Nous n'osons dire, avec l'abbé Dubos, qu'il s'agit d'un texte inapplicable aux Romains domiciliés dans la Gaule, et qui ne s'occupe que des Romains étrangers, des *advenæ romani*. L'explication du savant abbé est peut-être conjecturale. (L'abbé Dubos, t. II, p. 518.)

Le seul privilége, dont jouirent les Francs, fut l'exemption de l'impôt direct, de l'impôt territorial et personnel, qui fut, au contraire, maintenu comme une heureuse tradition romaine à perpétuer parmi les indigènes et les Romains, c'est-à-dire parmi les propriétaires et les colons habitués à en supporter le fardeau.

Ce privilége, car c'en était un, était-il

dû exclusivement à l'origine des Francs? N'appartenait-il pas aux conquérants, surtout comme militaires et comme substitués aux défenseurs de l'empire? Les Francs établis sur les terres létiques, n'avaient jamais payé d'impôts. La législation de l'empire exemptait les colons militaires de toute espèce de contribution. Par ce côté, au moins, l'exemption ne ressemblait-elle pas à un legs du régime impérial?

Quoi qu'il en soit, cette exemption, que Boulainvilliers (*Histoire du Gouvernement de la France*, t. I, p. 41) et Montesquieu (*Esprit des Lois*, liv. XXX, ch. XV) ont eu le tort d'étendre à tous les propriétaires, sans distinction de naissance, en la présentant comme le droit commun, et que l'abbé Dubos a eu le tort de contester d'une manière absolue, ne fut pas toujours respectée; la violation de ce privilége suscita de nombreuses plaintes et de véritables soulèvements. (Grégoire de Tours, liv. III, ch. XXXVI, et liv. IV, ch. XLVI. — Voir aussi M. de Pétigny, t. III, p. 75, Lehuërou, t. I, p. 264-320, M. Laferrière, *Histoire du Droit civil de Rome et du Droit français*, t. III, p. 329-352.)

Le privilége, d'ailleurs, se métamorphosa bientôt, il ne se perpétua pas, en effet, au profit de tous les Francs libres de condition; il se concentra sur la tête des *optimates;* il n'appartint qu'à la classe de ceux qui, sous la seconde dynastie, étaient appelés aux assemblées nationales; et cette classe, comme nous le savons, se recrutait parmi les hommes influents de toute origine. L'exemption revêtait ainsi presque un caractère romain. (Voir le *Code de Justinien*, liv. XII.) Enfin et sous les Carlovingiens, pour des causes qui sont étroitement liées à l'existence de la propriété bénéficiaire, l'impôt direct, l'impôt exigé à un titre public et au nom de la souveraineté se convertit en un droit privé, contractuel, en une sorte de cens, le *menu-cens*, très-distinct du *gros-cens*, qui n'était que le *reditus*, la rente représentative du droit concédé.

Toutefois, Charlemagne, en 779, et Charles-le-Chauve, en 877, imposèrent certaines charges aux propriétaires, sans distinction, mais en faisant la répartition selon la qualité des personnes et des propriétés. Les impôts indirects et certaines obligations, à titre de service public, continuèrent de subsister.

Un publiciste, M. de Montlosier, qui, sous le premier empire, écrivait que la population française se composait de deux éléments en état d'antagonisme et de guerre depuis des siècles, admettait cependant, mais pour l'exagérer et la fausser, cette idée que les hommes libres, francs et gallo-romains, avaient été associés sous les deux premières races aux mêmes avantages sociaux. Mais si M. de Montlosier n'opposait pas les vainqueurs aux vaincus; si, tout en acceptant le fait de la conquête, il lui refusait toute influence sur la hiérarchie sociale; s'il voyait la fusion accomplie dans la fusion en germe, le dénoûment avant l'action, l'ordre et l'unité dans le pêle-mêle et dans le travail de la fermentation; s'il devançait l'œuvre du temps, ce n'était pas pour arriver plus vite, et comme conclusion, à l'égalité des droits de tous nos ancêtres. Aux hommes libres de toute origine, francs ou gaulois, qui formaient, suivant lui, la souche de notre noblesse, il opposait les roturiers, les esclaves de toute race, qui avaient, au XIIe siècle, reçu la liberté, d'abord comme un don de nos rois sur leurs domaines, ensuite comme un don des hauts barons à l'exemple des rois, et bientôt par violence, par un abus de la puissance royale et par suite d'une expropriation forcée pour cause d'utilité révolutionnaire. Le tiers-état, d'après M. de Montlosier, ne se composait que de fils d'affranchis, tenant leur *droit nouveau* d'une grâce ou d'une usurpation. Je me borne ici à indiquer, sans le juger, le système de l'auteur qui place au XIIe siècle la cause de la lutte, dont il prétend suivre le développement dans notre histoire.

Je ne parle pas des fictions, qui, sans doute pour mieux fonder l'égalité des droits primitifs, assignent une seule et même origine à nos ancêtres, et font des Francs et des Gaulois des frères, soit parce qu'ils seraient les uns et les autres la descendance de Priam, vieux récit renouvelé des Romains, puisqu'on avait déjà sous ce prétexte déclaré les Romains frères des Gaulois, soit parce que les Francs ne seraient qu'une colonie de Gaulois expatriés, qui seraient revenus de la Germanie dans la Gaule (1).

Quelles lois régissaient ces populations juxta posées? C'est là notre vraie question, celle à laquelle les considérations qui précèdent ne doivent servir que d'encadrement. Ce n'est pas l'histoire de la société politique, c'est l'histoire de notre législation que nous essayons d'esquisser ; c'est la généalogie complexe et mêlée de nos codes, dont nous voulons tracer le tableau succinct. Mais comment séparer la législation de l'état des propriétés et des personnes, auxquelles elle s'est appliquée? Comment la détacher du milieu auquel elle appartient?

La législation a-t-elle été une des causes de la fusion, ou en a-t-elle été l'effet? Elle

(1) « Les Germains avaient avec les Gaulois de nombreuses » ressemblances, attestant une lointaine parenté, dit M. Henri » Martin. » (*Histoire de France*, t. I, p. 206.)

a eu ce double caractère de cause et d'effet.

Les Romains avaient importé leur droit dans la Gaule, sans exclure toutes ses coutumes. Ils connaissaient le *jus provinciale*, c'est-à-dire un droit composé d'édits, dans lesquels les proconsuls et les présidents des provinces tenaient compte des usages de chaque pays, tout en accordant au droit romain la plus grande part d'action et en lui laissant la suprématie. L'importance de ce *jus provinciale* avait, au second siècle (de l'an 138 à l'an 161), motivé un commentaire de Gaïus, commentaire dont les Pandectes de Justinien ont recueilli de nombreux fragments (trois cent quarante lois suivant M. Laferrière, *Histoire du Droit civil de Rome et du Droit français*, t. II, p. 359 et 360). L'*Edictum provinciale* n'était autre chose, d'après ce savant historien, que l'*Edictum perpetuum*, que l'empereur Adrien avait fait rédiger en l'année 131, surtout en vue des provinces, pour introduire quelque uniformité dans le droit applicable à des populations si différentes d'origine et de mœurs. C'est ce *jus*

7

provinciale qui avait régi toutes les contrées de la Gaule auxquelles les empereurs n'avaient pas laissé l'usage de leurs lois propres, parce qu'ils ne les avaient pas proclamées *libres et alliées*.

Après la constitution de Caracalla qui confère la qualité de citoyen à tous les habitants des provinces (212), constitution à laquelle survécurent certaines différences de condition entre le territoire italique et le territoire provincial, l'édit du préteur ne fut pas la seule loi obligatoire pour les Gallo-Romains. Tous les éléments du droit romain devinrent communs aux provinciaux devenus citoyens. Le Code théodosien (438) fut publié et enseigné dans la Gaule.

L'élément gaulois dut survivre d'abord, puisque les populations *déclarées libres et alliées devaient conserver leur droit propre*, et que treize populations au moins obtinrent de César et d'Auguste la concession de la liberté et de l'alliance.

Mais même pour les populations qui n'avaient pas obtenu le privilége de la liberté et de l'alliance, il y avait, indépendamment du droit écrit, le droit non écrit, le droit coutumier, la tradition locale. Un fragment d'Ulpien *ad Sabinum*, inséré au Digeste, liv. L, tit. XVII, frag. XXXIV, trace une règle dont l'application ne se concentrait pas évidemment sur l'interprétation des conventions : *Semper in stipulationibus et in cæteris contractibus, id sequimur quod actum est. At si non pareat quid actum est, erit consequens ut id sequamur quod in regione, in quâ actum est, frequentatur*. La faculté accordée à la Gaule sous Alexandre Sevère d'exprimer le fidéicommis en langue gauloise (*sermone gallicano*) comme en langue latine et grecque, est un témoignage, non pas seulement de la persistance de l'idiome gaulois, mais encore de la persistance des mœurs et de l'influence que ces mœurs devaient exercer.

Tout à l'heure, en m'occupant de la persistance de l'élément romain, je vais montrer que cet élément romain, même dans les monuments qui étaient destinés à le conserver, s'est imprégné de l'élément auquel il se superposait.

L'établissement des Wisigoths, au ve siècle, n'entraîna pas l'abolition des lois romaines dans la Gaule méridionale. En 506, Alaric II publia une loi connue sous le nom de *lex romana Wisigothorum, Theodosii constitutionum libri, liber legum,* noms auxquels on a substitué, pendant le XVIe siècle, le nom de *breviarium Aniani.*

Ce recueil comprend : 1° le Code théodosien, seize livres; 2° les Novelles de Théodose, Valentinien, Marcien, Majorien, Sévère; 3° les Instituts de Gaïus; 4° les *Receptæ sententiæ* de Paul, cinq livres; 5° le Code Grégorien, treize livres; 6° le Code Hermogénien, deux titres; 7° un fragment de Papinien, *liber* I *responsorum.*

Toutes les parties du *breviarium* (sauf les *Instituts* de Gaïus) sont accompagnées d'un commentaire. « Les textes, » dit M. de Savigny (t. II de la traduction Guenoux, p. 35), « y « sont tantôt expliqués ou paraphrasés, tantôt « étendus ou modifiés, soit d'après des cou-

« tumes locales, soit d'après des lois nou-
« velles, ou éclaircis par le rapprochement
« d'autres passages. »

M. de Savigny n'admet pas, comme Biener, que les altérations aient eu pour objet l'introduction des principes du droit goth parmi les Romains. Cependant, il reconnaît que la nouvelle constitution politique avait dû nécessairement modifier les lois anciennes. Mais la refonte des *Instituts* de Gaïus et d'ailleurs les nécessités d'une situation nouvelle n'expliquent-elles pas des changements qui se seraient accomplis au moins par voie d'interprétation, alors même que les rédacteurs n'en auraient pas eu la volonté arrêtée (1)?

Le *breviarium* d'Alaric était-il obligatoire pour tous les habitants, sans distinction d'origine? Constituait-il le droit commun des Goths et des Gallo-Romains? M. Laferrière le soutient (t. II, p. 397). Suivant ce savant auteur, le principe des lois personnelles n'avait prévalu ni dans le midi de la Gaule,

(1) Voir une dissertation de Benech, *Mélanges de Droit et d'Histoire*, p. 573-618.

ni dans l'Italie, après la conquête des Ostrogoths.

M. Guizot (*Histoire de la Civilisation en France*, 1re partie, xe leçon) et M. de Pétigny (*Etude sur l'Histoire, les Lois et les Institutions de l'Epoque mérovingienne*, t. II, p. 494) prétendent que le Code théodosien ne régissait que les Gallo-Romains. M. de Pétigny, à l'appui de sa thèse, fait remarquer que l'abrégé du Code théodosien, dont il attribue la rédaction, sous la direction du comte Goïaric, à Anianus, qui ne paraît avoir été qu'un référendaire, chargé seulement d'imprimer au recueil un caractère officiel, n'avait été soumis qu'à l'approbation d'une assemblée d'évêques et de députés des cités gauloises. Claude Fleury (*Histoire du Droit français*, 1674), l'abbé Dubos (t. II, p. 492) avaient admis l'opinion que MM. Guizot et de Pétigny ont suivie (1).

Ce qui nous ferait incliner sur ce point vers l'opinion de MM. Guizot et de Pétigny,

(2) Voir aussi Eschbach, *Introduction générale à l'Etude du Droit*, 3e édition, p. 327.

que nous avons ailleurs adoptée (*Cours de Code pénal*, 2e édit., p. 30), c'est qu'Alaric a fait codifier les lois des Wisigoths, les lois de son père Euric et ses propres lois.

Nos historiens du droit français, ou contestent l'existence de ce texte, ou au moins considèrent qu'il a été perdu. Ils ne parlent que d'une rédaction postérieure (du VIIe siècle), qui comprend les constitutions des rois goths d'Espagne. Mais plusieurs admettent que les chapitres qui ont pour titre *Antiqua* remontent à Alaric.

L'existence d'un texte antérieur au *forum judicum* ne saurait aujourd'hui être contestée. Au XVIIIe siècle, les Bénédictins, qui s'occupaient d'un nouveau traité de diplomatique, découvrirent, à la bibliothèque de Saint-Germain-des-Prés, sur un manuscrit, des caractères du VIe siècle recouverts par une écriture du VIIe siècle. Le palimpseste contenait, entre autres documents, un texte de la loi des Wisigoths, dans lequel on trouve des dispositions correspondantes à celles qui portent pour rubrique *Antiqua*; seulement, ces dispositions ont été, depuis, amplifiées et paraphrasées. Le vieux texte a été livré à la publicité, en 1847, par un Allemand, M. Blume.

Mais toute controverse n'est pas pour cela finie. Quelle est la vraie date de cette rédaction retrouvée? Doit-elle se placer, comme le prétend M. Blume, entre les années 586 et 601, et a-t-on le droit de l'appeler *le Code de Reccarède Ier*? Doit-on la reporter à une époque antérieure, suivant le système d'un autre savant allemand, M. Gaupp, et le vrai législateur n'est-il pas le roi Euric?

L'opinion de M. Gaupp a rencontré, en Allemagne, des partisans et des contradicteurs. En Espagne, M. Lardizabal l'a professée. Un savant français, M. de Pétigny, qui, le premier, a vulgarisé en France une découverte qui nous appartenait, mais dont nos voisins ont eu les premiers le profit, a discuté l'un et l'autre système, et il les rejette tous les deux. Il donne d'excellentes raisons pour laisser à Alaric la *lex antiqua* des Wisigoths, que Mariana, dans son histoire, lui attribue. Il assigne à la promulgation la date de 506 (1).

Alaric, dans ce système, n'avait donc point entendu imposer le *Breviarium* pour loi aux Goths. C'est, au contraire, la loi des Wisigoths, qui devint plus tard la loi de tous les sujets des rois goths, à quelque nation qu'ils appartinssent.

Mais le *Commonitorium*, en tête du *Breviarium*, au moins d'après plusieurs manuscrits, déclare qu'il ne sera plus permis à qui que ce soit de citer dans les discussions judiciaires ou d'appliquer d'autres lois ou d'autres règles de droit que celles comprises dans l'œuvre législative qu'Alaric promulgue : donc, dit M. Laferrière, il n'y avait qu'une loi, commune et aux Romains et aux Wisigoths.

Le texte palimpseste de la loi des Wisigoths dément, en fait, cet argument. D'ailleurs, de ce que le Code romain d'Alaric serait la seule législation en vigueur et dont il fût permis de se prévaloir, il ne faudrait pas conclure

(1) *Revue historique du Droit français*, année 1855, p. 200.

que ce Code s'adressât aux deux populations. Réduit à la population gallo-romaine, le *Breviarium* ne contredit pas le *Commonitorium*. On comprend très-bien que le législateur dise que toutes les questions relevant de la loi romaine seront subordonnées au Code romain qu'il sanctionne et qu'il publie. On ajoute que les évêques n'ont pas seuls été consultés pour la rédaction du Code romain d'Alaric, qu'on a pris l'avis des élus provinciaux, des grands de la province. Cela est vrai; mais n'y avait-il pas des Gallo-Romains qui eussent conservé une grande importance, et l'expression d'*electorum provincialium*, qui a tant frappé l'éminent historien, s'applique-t-elle nécessairement aux représentants de l'aristocratie wisigothe (1)?

L'établissement des Burgondes n'entraîna pas, non plus, l'abolition des lois romaines dans le sud-est de la Gaule. Les sujets gallo-romains eurent leurs lois. La loi vulgairement connue sous le nom de *Papiani*

(1) Sur le sens du mot *Provinciales*, voir l'abbé Dubos, t. II, p. 410.

responsum ou de *Papiani liber responsorum*, et plus simplement de *Papien* (je ne veux être que l'historien des controverses, et voilà que, presque malgré moi, j'en préjuge une), était-elle à l'adresse des Burgondes? Il n'y a pas eu unanimité sur ce point. Amaduzzi proteste contre cet article de foi scientifique. Je ne tiens pas compte de cette dissidence, et je me rallie à l'opinion commune, qui est presque toujours la vérité.

Mais le *Papien* soulève de sérieuses controverses. D'où lui vient son nom? Quelle est sa date? A-t-il précédé ou suivi la promulgation de la loi Gombette? Toutes ces difficultés, que je signale, non comme un juge, mais comme un rapporteur, sont dignes d'examen.

Et d'abord, le nom de *Papien* est-il ou n'est-il pas le résultat d'une erreur de Cujas, qui aurait publié le Code romain des Burgondes d'après un manuscrit à la suite duquel aurait été un fragment de Papinien (*Papien*, par abréviation)? La confusion des deux manuscrits distincts aurait-elle égaré le grand jurisconsulte? M. de Savigny, M. Guizot, M. Laferrière, le disent, et leur opinion paraissait acquise à la science. Cependant, M. Laboulaye (1) et M. Eschbach, d'après un jurisconsulte allemand, M. Klenze, opposent une objection résultant d'un fait qui semble décisif, à savoir la découverte d'un manuscrit de la *lex romana* des Bourguignons, manuscrit remontant au IXe siècle, et ayant pour titre *Papiani liber responsorum*. Ce manuscrit ne serait pas le manuscrit de Cujas, et serait, dans tous les cas, une preuve que la *lex romana Burgundionum* aurait été appelée du nom de *Papien* bien antérieurement au XVIe siècle.

La méprise attribuée à Cujas a des précédents peut-être. Le grand jurisconsulte ne l'a pas introduite. Ne l'a-t-il point adoptée? Ce qu'il faudrait démontrer, c'est l'existence, à l'époque de la promulgation du Code romain, d'un jurisconsulte du nom de *Papien*.

Je relève ce détail uniquement pour indiquer la difficulté qui divise les savants,

(1) *Revue de Législation*, tome X, p. 182.

et je me borne à constater que cette loi n'était obligatoire que pour les Gallo-Romains.

Quelle est la date de la promulgation de ce Code? Un de mes collègues, M. Ginoulhiac, de la faculté de droit de Toulouse, a consacré à cette question cinquante-six pages pleines d'intérêt (1). Il expose, avec une parfaite lucidité, tous les systèmes, et sa conclusion, c'est que la rédaction primitive du *Papien* se place entre les années 501 et 517, qu'elle est postérieure à une partie de la loi Gombette et antérieure à l'autre, qu'elle a subi deux révisions, la première vers 517, la seconde vers 612. Je ne puis que renvoyer à cet important travail.

Pas plus que le *Breviarium* d'Alaric, la *lex romana Burgundionum* n'est puisée aux sources pures du droit romain. A-t-elle prêté ou emprunté au *Breviarium?* C'est la question de date que nous venons de soulever. M. de Savigny juge bien cette loi quand il dit qu'on peut

(1) *Revue historique de Droit français et étranger*, t. II, p. 520-585.

à peine reconnaître en elle les textes romains que nous possédons : d'où il induit qu'il serait difficile de restituer, d'après ce recueil, les textes qui nous manquent. C'est, dit-il, un manuscrit fort corrompu, mais pourtant original d'un auteur ancien. Comment les circonstances contemporaines de la rédaction lui seraient-elles restées étrangères? Comment les mœurs altérées des Gallo-Romains n'auraient-elles pas entraîné une altération dans les lois qui devaient les régir au milieu des Burgondes? Comment l'élément gaulois ne se serait-il pas fait jour, et n'eût-il pas marqué de son empreinte un Code qui devait être commun aux vainqueurs et aux vaincus, qu'une défaite, sous bien des rapports commune, tendait à assimiler?

A quelle époque les compilations de Justinien se répandirent-elles dans la Gaule franque? Seulement, sous la troisième race, d'après l'abbé Dubos, dont Montesquieu a suivi l'opinion (Dubos, t. II, p. 492; Montesquieu, *Esprit des Lois*, liv. XXVIII, chap. XLIII); sous les Carlovingiens, d'après M. Giraud

(*Essai sur l'Histoire du Droit français*, t. I, p. 230). « Les vieilles formules d'Auvergne « de la fin du VIe siècle environ, dit M. Trop- « long, qui cite Savigny (1), prouvent « que le Code de Justinien n'était pas in- « connu dans cette province, gouvernée « cependant par la législation théodosienne : « or, au IXe siècle, on voit Louis-le-Débon- « naire fonder sur le Code de Justinien plu- « tôt que sur le *Breviarium*, des ordres « qu'il envoie à la Septimanie. Dans les « conciles, Justinien est sans cesse invoqué, « quand on a besoin de ses recueils. C'est « ce qui explique comment le droit romain, « suivi dans les Gaules, se plia insensible- « ment à l'autorité des lois de Justinien, qui « enfin devinrent la loi préférée, la loi vi- « vante. Le *Petri exceptiones*, composé dans « la province de Valence, vers le milieu du « XIe siècle, est autant accommodé au Code « de Justinien qu'au *Breviarium* (*Contrat de* « *Mariage*, préface, p. 82). » — Voir toutefois

(1) T. II, p. 108.

M. Laferrière, *Histoire du Droit civil de Rome et du Droit français*, t. III, p. 68.— Voir aussi un article de M. L. de Valroger, sur l'*Histoire du Droit français* de M. Laferrière, *Revue critique*, t. XIV, p. 89.

L'influence d'assimilation n'était pas seulement l'œuvre de l'ancienne Rome, elle était surtout l'œuvre de la Rome nouvelle, de la Rome chrétienne, dont M. Troplong a si éloquemment écrit l'histoire dans ses rapports avec le droit romain. Ce n'est pas un jurisconsulte que je veux citer, c'est un littérateur qu'une mort prématurée a enlevé à l'enseignement : « On est moins surpris « de l'autorité des lois romaines au moyen « âge, quand on les trouve déclarées saintes « et vénérables par les canons de l'Eglise, « quand on les voit corrigées, tempérées par « le droit canonique, à travers lequel, pour « ainsi dire, elles passèrent, avant de des- « cendre dans nos législations (1). »

Quelles étaient les sources de l'élément

(1) Ozanam, *les Germains avant le Christianisme*, p. 382.

canonique? Elles furent au nombre de deux :

1° Le *Codex canonum Ecclesiæ universæ*. C'était une traduction latine que fit faire le pape saint Léon, dans le ve siècle, de la collection grecque des conciles de Nicée, Constantinople, Ephèse, Chalcédoine, auxquels on ajouta le recueil du concile de Sardique;

2° Le *Corpus canonum* ou *vetus Codex Ecclesiæ romanæ*. C'était une collection entreprise vers la fin du même siècle, par le moine Denis-le-Petit, mais qui ne s'est accréditée en France que dans le VIIIe siècle, à la suite du don qui en fut fait à Charlemagne par le pape Adrien. Elle est devenue le Code de l'Eglise gallicane, et a reçu plus tard la ratification officielle de Saint-Louis, dans la pragmatique-sanction. Louis XIV l'a fait réimprimer.

Je ne parle pas des *Fausses Décrétales*, répandues et accréditées de 836 à 857, sous le nom d'Isidore de Séville, bien qu'elles aient exercé une assez grande influence. Elles paraissent être l'œuvre du diacre Benoît (*Be-*

nedictus levita), de Mayence, l'auteur des *Faux Capitulaires*.

Les lois germaniques elles-mêmes, au moins telles que nous les avons, ont été un moyen en même temps qu'un témoignage de fusion. Parmi ces lois, la loi salique est celle qui a le plus d'importance et qu'on cite le plus souvent, non pour ce qu'elle contient, mais pour ce qu'elle ne contient pas.

C'est qu'en effet la loi salique a beaucoup plus de notoriété pour ce qu'elle ne dit pas que pour ce qu'elle dit. Au XIVe et au XVIe siècle, on lui a demandé le jugement de grands procès politiques; elle a été une espèce d'oracle, et, sous prétexte de lui emprunter, on lui a prêté des solutions auxquelles elle était absolument étrangère. Ainsi, en 1316, à la mort de Louis X, qui ne laissait pas d'héritiers mâles, si on ne tient pas compte de l'existence de son fils posthume (il ne vécut que peu de jours), pour exclure la fille du roi, les légistes furent bien obligés de sortir du système féodal, qui n'écartait pas les femmes de la succession des fiefs. Comment donc les écarter de la succession de la couronne? On se prévalut de la loi salique, qui donnait aux mâles la terre salique. On fit revivre, ou plutôt on fit parler, l'ancienne loi des Francs-Saliens, et c'est à elle que Philippe-le-Bel dut son titre de roi.

On la fit parler encore, et, en lui faisant de plus en plus violence, dans le même siècle, en 1339, on lui fit dire, non-seulement que les femmes ne pouvaient pas monter sur le trône, mais que les descendants mâles des femmes, parents les plus proches, ne pouvant avoir plus de droits que les femmes dont ils descendaient, seraient ex· lus par la descendance masculine, quoique plus éloignée. C'est donc encore la loi salique qui fonda la légitimité de Philippe de Valois.

Enfin, le Parlement de Paris, le 28 juin 1593, découvrit dans la loi salique l'exclusion de tout prince ou de toute princesse étrangers et la prohibition de toute élection. Il lut dans cette loi non-seulement la condamnation des prétentions espagnoles et autrichiennes, mais encore des prétentions de Mayenne et du jeune duc de Guise, puisqu'il appliquait la qualification d'étrangers à tous ceux qui n'étaient pas du sang royal, bien qu'ils fussent nés en France et qu'ils y eussent le siége de leur fortune.

Quant à la candidature du cardinal de Bourbon, frère puîné du père d'Henri IV, Antoine, roi de Navarre, on en demanda aussi la condamnation à la loi salique. Le cardinal de Bourbon était pourtant le plus proche en degré; mais Henri IV représentait le frère aîné. La loi salique dit encore qu'il fallait suivre l'ordre des lignes.

Le Parlement, par son arrêt, cassait, toujours en vertu de la loi salique, la décision des Etats qui proclamait le droit d'élire.

La doctrine, avec une loi muette sur toutes ces questions politiques, avait fait bien du chemin. Son point de départ, c'était le titre LXII de la loi salique, que je reproduis d'après le texte publié par Hérold (1557) :

1. *Si quis mortuus fuerit et filios non dimi-*

serit, si pater aut mater superstites fuerint, in ipsam hereditatem succedant.

2. *Si pater et mater non superfuerint, et fratrem aut sororem non dimiserit, in hereditatem ipsi succedant.*

3. *Si isti non fuerint, tunc soror matris in hereditate succedat.*

4. *Si verò soror matris non fuerit, sic soror patris in hereditate succedat.*

5. *Et postea sic de illis generationibus, quicumque proximior fuerit, ipsi in hereditate succedant qui ex paterno genere veniunt.*

6. *De terrâ verò salicâ in mulierem nulla portio hereditatis transit, sed hoc virilis sexus acquirit; hoc est, filii in ipsâ hereditate succedunt. Sed ubi inter nepotes aut pronepotes, post largum tempus de alode terræ contentio suscitatur, non per stirpes, sed per capita dividantur.*

Aucune disposition de loi n'a été plus féconde en difficultés; il n'est pas un de ses paragraphes qui n'ait engendré plusieurs systèmes, et elle n'a rien à envier à la plus obscure des dispositions de notre droit nouveau, sous le rapport du nombre et de l'illustration de ses commentateurs, Fr. Pithou, du Cange, du Tillet, Jérôme Bignon, Eusèbe de Laurière, l'abbé Dubos, Montesquieu, Mably, M. Guizot, M. Laboulaye, M. Guérard, M. Pardessus, M. Laferrière, et je laisse de côté toute la science allemande, ont disserté sur ces quelques lignes et n'ont que trop prouvé qu'elles étaient grosses de problèmes.

Je ne m'occupe que du sixième paragraphe, celui sur lequel on a voulu enter un principe fondamental de notre droit public. Il exclut la femme d'une certaine classe de biens.

Quels biens entraient dans cette classe? Etaient-ce seulement l'habitation paternelle et les terres qui en étaient une dépendance et comme une annexe? Etaient-ce les biens qui provenaient aux Saliens de la conquête, la dépouille des vaincus, la terre guerrière en quelque sorte, échue aux hommes de guerre, et comme le prix de la guerre, une terre politique dévolue par la loi politique et constituant une sorte de majorat? Etaient-ce tous les immeubles paternels et maternels, quels qu'ils fussent? N'étaient-ce pas tous les biens paternels seulement? N'étaient-ce point les immeubles propres advenus au défunt à titre successif, opposés aux acquêts, en vertu d'une distinction qui a traversé les siècles, a survécu à la féodalité, n'est tombée que devant la loi du 17 nivôse an II, et qui était commune non-seulement à tous les pays de coutume, mais encore aux pays de droit écrit, bien qu'elle ne tirât son origine ni du droit romain, ni du droit féodal?

J'indique et je ne juge pas cette controverse. Mais 1° à défaut d'enfants mâles, les filles héritaient même de la terre salique, et peut-être même excluaient-elles les petits-fils. Mais 2° un acte de la volonté pouvait effacer au profit des filles le privilége de la masculinité et les appeler à prendre leur part de la terre salique. Mais 3° le § 6 du titre LII ne consacrait pas le principe de la primogéniture entre les enfants mâles. Comment donc trouver, même par analogie, les règles de notre ancien droit public dans les textes de la loi salique?

Montesquieu, cependant, ne consent pas à déshériter notre droit public des titres qu'on a cherché pour lui dans la loi des Francs-Saliens. « On ne croirait pas que la succession « personnelle des mâles à la couronne de « France pût venir de la loi salique. Il est « pourtant indubitable qu'elle en vient ; je « le prouve par les divers Codes des peuples « barbares. La loi salique et la loi des Bour- « guignons ne donnèrent point aux filles le « droit de succéder à la terre avec leurs frères : « elles ne succédèrent pas non plus à la cou- « ronne. La loi des Wisigoths, au contraire, « admet les filles à succéder aux terres avec « leurs frères : les femmes furent capables de « succéder à la couronne. Chez ces peuples, « la disposition de la loi civile força la loi « politique. Ce ne fut pas le seul cas où la loi « politique chez les Francs céda à la loi ci- « vile. Par la disposition de la loi salique, « tous les frères succédaient également à la « terre, et c'était aussi la disposition de la loi « des Bourguignons. Aussi, dans la monar- « chie des Francs et celle des Bourguignons,

« tous les frères succédèrent-ils à la couronne,
« à quelques violences, meurtres et usurpa-
« tions près, chez les Bourguignons. (*Esprit*
« *des Lois*, liv. XVIII, chap. XXII.) »

Le Laboureur, dans son *Histoire de la Pairie*, pour démontrer l'influence de la loi salique sur la dévolution de la couronne, avait adopté un système plus commode, à savoir l'existence de deux lois saliques : l'une instituée pour les particuliers, celle que nous avons ; l'autre, toute politique, que nous n'avons pas, *la coutume salique qui n'avait aucune considération pour le sexe féminin ;* et il cite de nombreux témoignages de l'existence et de l'application de cette loi, non-seulement sous la troisième race, mais sous les deux premières (t. II, p. 44) (1).

J'ai voulu seulement restituer, avec l'école moderne, à la loi salique, son vrai sens, en lui enlevant l'importance politique, dont, pendant de longues années, semblent avoir voulu la doter des écrivains qui

(1) Voir aussi l'abbé Dubos, t. II, p. 387-409.

avaient peu étudié son histoire et ses textes.

Si, sous la troisième race, les femmes furent exclues du trône en France, ce fut surtout parce que la royauté tendit à revêtir le caractère d'une magistrature et à reproduire la souveraineté romaine. Office public, la royauté était un office viril; c'était aussi un pouvoir indivisible.

Si la royauté n'eût pu, avec le temps, dépouiller son enveloppe féodale, si elle eût été toujours réduite à son droit de suzeraineté dépendant de la propriété, le jour où les femmes devenaient aptes à la possession des fiefs, il n'y avait plus de raison pour leur refuser la couronne; mais aussi, du jour où le fief était transmissible, pour une certaine portion au moins, à tous les enfants, la royauté se divisait.

C'est l'idée de la souveraineté romaine qui a prévalu, et elle a sauvegardé pendant des siècles la monarchie. Sous la première race, la royauté avait bien plus le caractère d'un alleu que le caractère d'un bénéfice, et voilà pourquoi peut-être l'exclusion des femmes se conciliait avec le partage du royaume entre les fils. L'idée germanique était prédominante.

Aux XIVe et XVIe siècles, c'était l'idée romaine qu'on plaçait sous la protection de la loi salique. Cette idée eût-elle été appliquée, si la question ne fût pas née plus de trois siècles après l'établissement de la dynastie *capétienne?*

Tous les textes découverts de la loi salique (et nous en possédons soixante-six, en y comprenant le texte d'Hérold, dont nous n'avons pas l'original) sont écrits en langue latine. La rédaction est donc postérieure à l'établissement des Francs-Saliens dans la Gaule. Mais cette rédaction latine n'est-elle pas une traduction d'une rédaction en langue germanique? Ce qui permettrait de le supposer, c'est que les manuscrits offrent beaucoup de variantes.

La différence des versions ne trouverait-elle pas une explication toute naturelle dans les diversités de style des traducteurs? Mais il est, d'abord, certain que le texte germanique, s'il en a existé un, n'a pas été écrit, qu'il n'a été que livré à la mémoire de ceux à qui il était adressé, qu'il ne se serait conservé que par la tradition orale, puisque les Germains n'ont jamais connu l'écriture et qu'ils n'ont pas possédé de caractères pour représenter le langage parlé.

A la vérité sur les soixante-cinq manuscrits signalés dans le beau travail de M. Pardessus, il y en a seize qui sont parsemés de formules malbergiennes. Mais les caractères employés pour la transmission de ces formules, étaient des caractères latins, à l'aide desquels on essayait, par une sorte d'approximation, de donner une idée des mots germaniques, qu'on ne pouvait représenter par un alphabet germanique qui n'existait pas. Les seize manuscrits ne prouvent donc pas l'existence antérieure d'un texte dont ils ne seraient que la traduction. Ces seize manuscrits ont pour titre *lex salica antiqua*, *antiquissima*, *vetustior*. Sur les quarante-neuf manuscrits, à texte purement latin, on lit seulement *lex recentior*, *emendata*, *reformata*.

Ces derniers manuscrits datent du règne de Charlemagne, et se placent tous entre 768 et 798. Ils sont bien postérieurs aux textes malbergiens : c'est ce qui résulte et de ce que les textes malbergiens n'offrent aucune trace du christianisme et de ses institutions, et aussi de ce que les autres manuscrits purement latins contiennent des dispositions qui attestent des corrections et des additions.

La première rédaction latine a été faite par l'ordre de Clovis, ou au moins date de son règne. Cependant, de ce que la loi salique n'aurait pu être conservée par l'écriture en Germanie, est-il bien permis de conclure qu'elle n'existait pas comme texte officiel, perpétué par le souvenir ? Elle n'aurait alors existé que comme coutume, et les coutumes ne se formulent guère, quand elles ne sont pas contestées, lorsque leur autorité est absolue et à l'abri de lutte.

Aussi s'accorde-t-on à reconnaître, dans le système même des historiens et des publicistes qui croient que nous n'avons que des traductions d'un original germanique, que cet original entièrement disparu ne remonterait qu'à l'époque où les Francs-Saliens se seraient établis comme concessionnaires de terres létiques sous la suzeraineté romaine. C'est ainsi, a-t-on dit, qu'au XIIe siècle, les Croisés, sortis des différentes contrées de l'Europe, voulurent donner de la certitude et de la fixité aux coutumes auxquelles ils promettaient d'obéir, lorsqu'ils fondèrent le royaume de Jérusalem, et que des assises de Jérusalem sortit, au moyen âge, la première rédaction écrite du droit coutumier (M. de Pétigny, t. II, page 566).

Est-ce que l'occupation des terres létiques avait assez changé les conditions d'existence des Francs-Saliens, assez étendu et multiplié leurs rapports, et les avait assez mêlés aux Romains et aux indigènes, pour qu'ils éprouvassent le besoin de constater uniquement pour eux-mêmes l'état des traditions qu'ils entendaient perpétuer? Au contraire, lorsque les Francs ne furent plus seulement *des hôtes*, lorsqu'ils eurent conquis la souveraineté, et que leurs chefs eurent organisé pour eux un gouvernement peut-être plus militaire que civil, n'était-il pas indispensable d'entreprendre un travail de codification, pour faire la part des coutumes et les concilier avec les exigences et les complications des rapports de tous genres entre les vainqueurs et les vaincus ?

Ecrire des coutumes, ce n'est pas les traduire, c'est les modifier, c'est les corriger, c'est les compléter. La rédaction sous Clovis se place entre les années 488 et 496 : elle a subi des modifications et reçu des augmentations sous les successeurs de ce prince, avant la révision de Charlemagne.

La loi ripuaire, qui est aux Francs-Ripuaires ce que la loi salique est aux Francs-Saliens, paraît avoir été rédigée pour la première fois en latin sous le règne de Thierry, roi d'Austrasie, fils de Clovis. Childebert et Clotaire effacèrent successivement l'empreinte du paganisme. Nous n'avons pas les premières rédactions de cette loi. Celle que nous possédons date du règne de Dagobert Ier, c'est-à-dire se place de 628 à 638.

La loi salique et la loi ripuaire présentent et des similitudes et des différences. Les similitudes ne sont pas le résultat d'emprunts; elles peuvent s'expliquer par la communauté d'origine des deux peuplades germaniques.

La loi ripuaire porte de nombreuses traces de l'action du christianisme et de l'influence du droit romain. La date de la rédaction, qui nous est parvenue, indique assez la cause de l'altération du droit germanique. Au commencement du IXe siècle, et par un capitulaire de l'an 803, Charlemagne a encore modifié et augmenté la loi ripuaire; et l'inspiration ecclésiastique ne devient que plus sensible.

La loi germanique des Burgondes, la loi Gombette, que nous avons déjà mentionnée en parlant de la *lex romana Burgundionum*, est, elle aussi, l'objet de beaucoup de controverses. De qui est-elle l'œuvre? En d'autres termes, quelle est la date de sa promulgation? Le Code bourguignon est-il antérieur ou postérieur au Code romain, au *Papien?* Ne se compose-t-il pas de deux parties, dont l'une a précédé et dont l'autre a suivi le *Papien?* N'est-il pas l'œuvre et de Gondebaud et de Sigismond? Les idées accréditées par M. de Savigny, par M. Guizot, par M. Laferrière, ont-elles été ébranlées par Gaupp, par M. de Pétigny, par le traducteur des *Lois des Bourguignons*, M. Peyré? Doit-on maintenir la date de 517, assignée à la loi Gombette, ou faut-il placer la première partie de cette loi dans le ve siècle, dans la seconde année du règne de Gondebaud, en faisant commencer ce règne en l'année 470, et la seconde partie dans le vi[e] siècle, postérieurement à 517?

Nous reproduisons les questions, sans prendre parti entre des systèmes divers, sur lesquels la science, malgré la consciencieuse étude de M. Ginoulhiac, n'a pas dit son dernier mot (1).

Quoi qu'il en soit, la loi Gombette est une

(1). *Revue historique*, tom. II, p. 520-565.

alliance de l'élément germanique et de l'élément romain. Le royaume des Burgondes avait été fondé dès l'an 413, et il a subsisté jusqu'en 534. Les terres avaient été partagées entre les Burgondes et les Gallo-Romains. La civilisation romaine avait dû pénétrer profondément dans ce royaume, qui appartenait au christianisme, mais au christianisme entaché d'arianisme.

Nous avons deux rédactions de la *lex antiqua* des Wisigoths, la rédaction que nous plaçons, d'après Mariana et M. de Pétigny, en 506, et la rédaction insérée dans le *forum judicum*, rédaction que les chroniqueurs et les historiens espagnols attribuent à saint Isidore ; ils assignent à cette rédaction la date de 633, bien postérieure aux victoires qui rejetèrent les Wisigoths en Espagne.

Le *forum judicum*, d'après sa dernière forme, se compose de douze livres, divisés en cinquante-quatre titres. Il renferme cinq cent soixante-treize lois, sur lesquelles deux cent vingt-quatre portent la rubrique *antiqua*.

Il y a des différences de fond entre le texte palimpseste et le texte révisé; mais l'intervalle de près d'un siècle et demi n'explique-t-il pas l'affaiblissement de la distinction des races?

Il y a des différences de forme; mais ne s'accorde-t-on pas à reconnaître que le goût n'a pas été en progrès entre la date de la première et la date de la seconde rédaction?

De nombreux monuments législatifs, correspondant à la période que nous étudions, se trouvent encore dans les capitulaires de Charlemagne et de ses successeurs, c'est-à-dire dans les actes de leurs gouvernements.

Ces capitulaires ne constituent pas tous des lois, ils ont les caractères les plus divers. Sans doute, quelques-uns appartiennent à la législation : ils renferment tantôt des dispositions nouvelles, tantôt des dispositions anciennes reproduites ou réformées, tantôt des additions; mais ils ne statuent le plus souvent que sur des faits d'administration, ou même sur des intérêts privés; ils renferment des instructions, des circulaires, des jugements, des nominations de fonctionnaires, et jusqu'à des grâces.

Le droit civil y tient peu de place, les capitulaires ne s'occupent guère que de l'état des personnes, de la constitution de la famille, des conditions du mariage, des devoirs des époux, et ils se bornent souvent à s'approprier les dispositions de la législation canonique. Le droit politique, le droit pénal, le droit canonique, la constitution de l'Eglise, ont, dans ce recueil des capitulaires, la plus grande place; et bien des textes n'ont rien d'impératif ou de prohibitif, sont plutôt des conseils et une véritable prédication que des commandements et semblent plus l'œuvre d'un moraliste que d'un législateur.

Certains articles, et un historien du droit en a fait la remarque (M. du Boys, *Histoire du Droit criminel des Peuples modernes,* t. I, p. 344), sont des versets extraits de la Genèse, de l'Exode et du Lévitique, des Nombres et du Deutéronome. On y rencontre de nombreux empiétements sur le domaine de la conscience, des prescriptions sur l'observation du dimanche, sur l'obligation de la prière, et des recommandations sur le jeûne. Cette absorption de la morale par la loi, que des publicistes présentent aujourd'hui comme un idéal et comme le dernier progrès de la civilisation, a donc été en partie réalisée dans le passé. Je constate la suprématie de l'idée religieuse et de l'influence cléricale, parce que je constate, par cela même, l'action du droit romain et du christianisme.

Quant à l'immixtion de la loi civile dans le for intérieur, l'excuse est l'une de ces deux pensées, dont la dernière est bien plus en rapport avec l'époque, que la loi avait besoin d'être protégée par la morale, ou plutôt que la morale avait besoin de la protection de la loi et de la sanction de la force.

Aucun de nos historiens et de nos publicistes n'a mieux inventorié, caractérisé et apprécié les capitulaires que M. Guizot, dans son *Histoire de la Civilisation en France* (1re partie, XXIe leçon).

Les capitulaires, comme les lois germaniques, sont rédigés en latin, et l'emploi de cette langue est une des preuves les plus décisives de l'importance, pour ne pas dire de la prépondérance de l'élément romain. Les rois francs ne paraissent avoir fait, pour engager les Gallo-Romains à adopter la langue germanique, aucun de ces efforts que multiplièrent les Romains pour imposer aux Gaulois la langue latine. Si le gouvernement des rois francs adopta la langue latine, c'est qu'elle était la langue du plus grand nombre des habitants et qu'elle était aussi la langue d'une religion commune aux vainqueurs et aux vaincus.

Pourquoi, dans les périodes carlovingienne et mérovingienne, plusieurs lois germaniques coexistent-elles avec la loi romaine, et ont-elles chacune une part d'empire? C'est que, sur le sol gaulois, coexistent des populations diverses d'origne, de langage et de mœurs; c'est que les Francs-Saliens, les. Francs-Ripuaires, les Burgondes, les Wisigoths, les Gallo-Romains, vivent côte à côte, sans s'être fondus encore; c'est que les vainqueurs, s'ils ont envahi le territoire, s'ils ont conquis une sorte de souveraineté imparfaite, la souveraineté militaire, n'ont pas, par cela même conquis les intelligences; c'est qu'ils ne peuvent ni ne veulent ruiner la civilisation des vaincus; qu'ils doivent, au contraire, se laisser vaincre et conquérir par elle; la variété et la personnalité des lois correspondent à la juxtaposition de populations sans homogénéité.

Mais si nous avons la raison du principe de la personnalité des lois, savons-nous exactement sa raison historique? Montesquieu l'a cherchée : l'a-t-il trouvée ? Je conserve bien des doutes. Suivant lui, les Germains apportaient ce principe de la Germanie, où s'étaient formées des confédérations de nations très-mêlées; ils l'importèrent au sein des pays conquis, parce qu'il existait chez eux. (*Esprit des Lois*, liv. XXVIII, chap. II.)

Mais, dans ce système, comment expliquer la communauté de loi pour les Francs-Saliens, la communauté de loi pour les Francs-Ripuaires, la communauté de loi pour les Bavarois, la communauté de loi pour les Allemands?

D'un autre côté, M. Laferrière, d'accord en cela avec M. Pardessus (1), dit qu'en Italie, Théodoric n'admit pas le principe de la personnalité des lois; qu'au contraire, il publia, au commencement du ve siècle, un édit obligatoire pour les vainqueurs et les vaincus, les Ostrogoths et les Romains (*Histoire du Droit civil de Rome et du Droit français*, t. II, page 398).

Je ne sais si le texte, sur lequel se fonde le savant historien, est aussi décisif qu'il semble le penser, et s'il ne signifie pas seulement que les dispositions d'ordre public étaient communes aux deux populations : « *Ut salva juris publici reverentia et legibus* « *omnibus cunctarum devotione servandis*, « *quæ barbari Romanique sequi debeant*, « *super expressis articulis, edictis presentibus*, « *evidenter cognoscant*. »

(1) *Loi salique*, 2e dissertation, p. 438.

Mon interprétation se concilierait peut-être mieux avec le caractère de l'œuvre essentiellement précaire d'un prince que M. Villemain a appelé *le premier roi barbare encadré dans la vieille civilisation romaine*, d'un prince qui, bien loin de se proposer la fusion des races, s'efforçait de maintenir leur séparation, en excluant, par de sévères sanctions, les Romains de la milice.

Au premier aspect, on croirait que M. de Savigny est de l'avis de M. Pardessus et de M. Laferrière. Il dit, en effet, que l'édit de Théodoric était applicable aux Goths et aux Romains. Mais était-il applicable aux Goths entre eux et aux Romains entre eux? M. de Savigny résout encore la question affirmativement.

Que devient alors le principe de la personnalité? Il ne fut guère compromis dans le système de M. de Savigny : car Théodoric maintint le droit en vigueur, *de sorte que les Goths continuèrent à être régis par le droit goth, les Romains par la loi romaine, dans tous les cas que le nouveau Code n'avait pas prévus*. Or, et M. de Savigny en fait encore la remarque, l'édit de Théodoric ne traitait guère que du droit criminel, il effleurait à peine les matières civiles ; c'est-à-dire, suivant toute vraisemblance, qu'il ne refusait de tenir compte de la diversité d'origine des populations que pour ce qui était d'intérêt politique. C'est bien la conclusion de M. de Savigny :... « On voit donc que le « législateur a voulu principalement régler « tout ce qui intéresse directement l'Etat, « et qu'il s'est contenté de maintenir le droit « privé des deux peuples (1). »

Cassiodore, d'ailleurs, rapporte une formule qui établit que les procès entre Ostrogoths seraient jugés par un comte ostrogoth, les procès entre Romains par des officiers romains, et les procès entre Ostrogoths et Romains par un tribunal mixte composé d'un Ostrogoth et d'un Romain (2).

Ce texte, sans doute, en lui-même, ne serait pas absolument concluant, puisque l'exis-

(1) *Histoire du Droit romain*, tome II, chap. XI.

(2) Voir l'abbé Dubos, t. II, p. 490.

tence d'un tribunal mi-parti, pourrait n'être que la garantie de l'application impartiale d'une loi commune. Cependant, le juge romain pour les Romains, le juge ostrogoth pour les Ostrogoths, et le tribunal mixte pour les plaideurs d'origine différente, se concilient mieux avec la diversité des lois d'intérêt privé.

Au reste, si, comme le pensent M. Pardessus et M. Laferrière, le principe des lois personnelles n'était pas connu dans le royaume des Ostrogoths, nous avons un argument de plus contre l'opinion de Montesquieu, qui trouve l'origine historique de la féodalité dans les traditions germaniques.

Ce qui est certain, c'est que l'origine du principe de la personnalité n'est pas romaine. Rome n'avait pas toujours, comme on l'a dit d'une manière trop absolue, la sagesse de respecter les usages et les traditions des peuples qu'elle voulait naturaliser. Ce n'était que par des exceptions qu'elle leur laissait leurs lois civiles. Aussi Justinien rappelait-il (*Code*, liv. I, tit. XVII, loi 1re,

§ 10) un vieux principe : « *Debere omnes* « *civitates consuetudinem Romæ sequi* (*et* « *leges*), *quæ caput et orbis terrarum, non* « *ipsam alias civitates.* »

C'était bien assez pour la ville éternelle de tenir compte, dans quelque mesure, des coutumes et des mœurs des populations vaincues.

Peut-être le principe de la personnalité n'a-t-il d'autre origine que sa nécessité.

Quoi qu'il en soit, si les conquérants laissaient à chaque population sa loi, est-ce qu'aucune loi ne prévalut sur certains points exceptionnels qui intéressaient directement et au premier chef la souveraineté et qui réclamaient impérieusement l'unité? Est-ce que la loi des vainqueurs n'était pas la loi des lois, dans le rapport de la constitution politique et de la répression pénale? La négative, au moins en ce qui concerne le droit pénal, est soutenue par M. Guizot (*Histoire de la Civilisation en France*, IIe partie, xxve leçon), par M. de Pétigny (t. III, p. 347).

M. de Savigny (*Histoire du Droit romain*, t. I, p. 122), M. Pardessus (*Deuxième Dissertation sur la Loi salique*, p. 446), M. Augustin Thierry (*Histoire du Tiers-Etat*, chap. I) professent que tout ce qui tenait au droit public, aux pouvoirs de l'Etat, était réglé par une loi unique, une loi germanique, la loi de la conquête.

Mais le maintien de la paix publique ne se rattache-t-il pas au droit public, et, sous ce rapport, le droit pénal ne supposait-t-il pas l'unité de la loi? M. Pardessus n'hésite pas, sur ce point, à s'écarter de l'opinion de M. Guizot. Que le principe de la personnalité ait réglé les conséquences attachées, par voie de présomption, aux contrats, l'ordre des successions d'après la loi du *de cujus*, les conditions du mariage d'après la loi du mari, la forme des actes unilatéraux d'après la loi d'origine du comparant, les contestations d'après la loi d'origine du défendeur: tout cela est conforme aux intérêts d'une conciliation préalable à la fusion. On comprendrait encore l'application d'une loi pénale spéciale, lorsque l'offenseur et l'offensé avaient la même loi d'origine; mais lorsque l'offenseur et l'offensé ne relevaient pas de la même loi, quelle est celle des deux lois que l'on eût appliquée? La loi de l'offenseur? Mais en matière civile, la loi applicable eût été celle du défendeur, et la loi de l'offensé serait la loi du demandeur. Aussi M. de Savigny, qui ne dissimule pas que cette question l'embarrasse, arrive-t-il à conclure que la loi romaine ne devait être suivie que lorsque l'auteur du délit et sa victime étaient tous deux Romains ; » Il semblerait que, chez les Francs, le vol fait « à un Franc, aurait dû être jugé d'après « la loi salique, le vol fait à un Romain « d'après la loi romaine, sans égard à la « nation du voleur. Cependant l'amende « établie par la loi salique est de soixante- « deux solides et demi contre le Romain « qui vole un Franc, de trente solides con- « tre le Franc qui vole un Romain (1).

(1) *Lex salica emendata*, t. XV (*pactus*, t. XVI), § 1, 2, 3.

« Dans ce dernier cas, une loi étrangère,
« la loi salique, réglait la composition due
« au Romain, et la loi romaine n'était ap-
« plicable qu'au voleur romain (1). »

Le système de M. Pardessus nous semble le seul vrai :

« Quant à la répression des crimes, il peut
« se présenter des difficultés que je ne me
« dissimule pas.

« Point de doute que, si un Romain com-
« mettait un crime envers un barbare, la
« loi salique était seule consultée, quelle
« que fût la peine, même plus grave, qu'au-
« rait prononcée la loi romaine. C'est ce
« qu'on lit expressément dans les titres XV
« et XLIII ; et certainement les crimes pré-
« vus par ces titres n'étaient point des cas
« particuliers sur lesquels la loi romaine
« gardât le silence ; ce n'étaient pas des
« crimes contre lesquels cette loi prononçât
« des peines trop faibles ; ce sont des actes
« de violences contre les personnes ; des

(1) T. Ier, ch. III, § 47, de la trad. Guenoux, p. 121 et 122.

« meurtres accompagnés même de circons-
« tances aggravantes. La loi romaine les
« punissait par des supplices; la loi salique
« se contente de prononcer des compositions
« pécuniaires. Les mêmes titres nous ap-
« prennent encore qu'on se conformait à
« la loi salique relativement aux crimes des
« Francs à l'égard des Romains.

« Nous n'avons pas, il est vrai, des
« preuves aussi explicites pour les cas où
« l'intérêt des barbares était hors de ques-
« tion, par exemple, lorsqu'un crime était
« commis par un Romain envers un autre
« Romain.

« On peut donc demander si, dans cette
« circonstance, le coupable ne devait pas
« être puni d'après la loi romaine, c'est-
« à-dire de mort ou de toute autre peine
« afflictive, encore bien que le même crime
« ou le même délit, commis par un Romain
« à l'égard d'un Franc, n'eût donné lieu
« qu'à une composition pécuniaire d'après
« la loi salique?

« Il y a, cependant, une considération

« assez importante à faire valoir. Les Francs
« dont le système pénal, au moins tel que
« l'avait constitué la loi salique, était très-
« avare de peines afflictives, tandis que le
« droit romain en était prodigue, ont pu, et
« certainement ils en avaient incontestable-
« ment le droit, substituer à ces peines les
« compositions pécuniaires, même pour les
« crimes commis par un Romain contre un
« Romain. On peut invoquer en faveur de
« cette opinion, le § 3 du titre XVI de la loi
« salique, d'après le manuscrit de Wolfen-
« buttel, relatif au crime d'incendie. Il prévoit
« que ce crime a été commis par un Romain
« au préjudice d'un Romain ; il soumet l'ac-
« cusé à l'obligation de se justifier par conju-
« rateurs ou par l'épreuve de l'eau bouillante,
« et, s'il est reconnu coupable, il prononce la
« composition de trente-cinq sous. On pour-
« rait encore invoquer le § 2 du titre LXVI de
« la loi des Ripuaires qui énonce le même
« principe. Telle n'était point la législation
« romaine ; et comme ces dispositions ne sont
« certainement pas des exceptions au droit

« commun, motivées sur le caractère particu-
« lier des crimes prévus par ce texte, il semble
« naturel d'en induire que le système de com-
« position avait été substitué à la législation
« romaine, même pour les crimes des Ro-
« mains contre d'autres Romains.

« Je crois donc que la concession faite à
« ces derniers de conserver leur législation,
« concernait uniquement le droit civil ; et le
« chapitre IV de la constitution de Clotaire Ier,
« de 560, me paraît, en l'interprétant saine-
« ment, appuyer cette opinion : *Inter Roma-*
« *nos negotia causarum Romanis legibus præ-*
« *cipimus terminari*.

« On peut encore tirer argument de la
« comparaison du § 2 du tit. VII et du § 9 du
« tit. VI des *Capita extravagantia*. Dans ce
« dernier paragraphe, relatif à un attentat
« aux personnes, la loi, fidèle à son système
« écrit dans le § 4 du titre XLIV et dans
« plusieurs paragraphes de la *Recapitulatio*,
» nomme les Romains avec les lites, parce
« qu'en effet un Romain de première classe
« n'obtenait qu'une composition égale à celle

« du Franc *debilior*, du *litus*. Mais dans le § 2 « du titre VII des *Capita extravagantia*, il est « question d'une matière de pur droit civil, « le second mariage d'une veuve. On y fait « une différence entre les *litas* et les *ingenuas* « *francas*; mais au mot *litas* on n'ajoute pas « *romanas*, parce que, pour celles-ci, il y « avait un droit civil spécial, le droit ro- « main (1). »

Aux arguments de M. Pardessus, M. de Pétigny oppose: 1° l'article 3 du titre XXXVI; 2° l'article 2 du titre XXXVI; 3° enfin, le titre LXI de la loi des Ripuaires.

Mais le premier texte peut très-bien ne s'appliquer qu'aux condamnations civiles, et, d'ailleurs, M. de Pétigny lui-même reconnaît que ce texte parle des Saxons, des Allemands, des Bavarois, des Frisons, et non des Romains (t. III, p. 348, *in fine*).

Le second texte, qui tarife diversement le prix du meurtre suivant la qualité de la victime, prouve que c'est la loi de l'offensé,

(1) 2e Dissertation sur la *Loi salique*, p. 446.

et non celle de l'offenseur qui est applicable.

Le troisième texte a plus de gravité ; mais il n'est pas décisif. Il règle les conséquences d'un affranchissement suivant le mode romain ; c'est-à-dire d'un affranchissement que nous qualifierions presque d'incomplet ; et il décide que les crimes de l'affranchi de cette classe seront jugés suivant la loi romaine. Mais ce texte, qui régit une condition voisine encore de la servitude, ne saurait être considéré comme la règle générale.

Ce qui nous semble dominer cette controverse, c'est qu'il est incontestable que les Gallo-Romains étaient admis à se décharger de la responsabilité de certains délits au moins au moyen de compositions (1). Ainsi un édit de Childebert, de 596, dans son article 14, punit la violation du repos obligatoire du dimanche d'une amende de quinze sous, si c'est un Salien ; de sept sous et demi, si c'est un Romain ; et de trois sous, si c'est un esclave, et si l'esclave ne paie pas, son dos paiera pour lui. *De*

(1) Voir *Loi salique*, titre XVI, art. 1er, 2 et 3.

die dominico similiter placuit observare, ut si quiscumque ingenuus, excepto quod ad coquendum vel ad manducandum pertinet, alia opera in die dominico facere præsumpserit : si Salicus fuerit, solidos quindecim componat; si Romanus, septem et dimidium solidi; servus verò, aut tres solidos reddat, aut dorsum suum componat. Ainsi la gravité du délit se mesure sur la qualité de l'offenseur, et le Romain est englobé dans le système de la pénalité germanique.

Le titre LXV de la loi des Ripuaires fournit le même motif de décision. Le refus d'un service requis par le roi est puni d'une amende de soixante sous, si l'infracteur n'est pas un Romain ou un ecclésiastique; si l'infracteur est un Romain ou un ecclésiastique, l'amende n'est que de trente sous.

M. de Pétigny lui-même reconnaît que les Romains, au moins dans la Germanie, n'avaient pu être punis d'après un système de pénalité publique qui leur était inconnu, et que, par suite, les lois des Germains n'étant que le tarif des indemnités à payer par l'offenseur à l'offensé, le Romain devait être soumis à la loi du pays où il se trouvait.

Mais est-ce que cette observation ne tend pas à établir que, même après la conquête et tant que les peines afflictives ne furent réservées par la loi germanique qu'aux crimes d'Etat, le pouvoir répressif ne dut pas se charger de faire subir aux Romains, même entre eux, le châtiment de la loi romaine ?

On objecte, il est vrai, que les chroniqueurs contemporains des VIe et VIIe siècles parlent de peines afflictives appliquées par les juges. Mais l'édit de Childebert, de 596, ne prouve-t-il pas que, dans un intérêt d'ordre, de sécurité, le système germanique des compositions avait été profondément entamé, et que la peine de mort avait peut-être été abusivement généralisée? Il faut lire les art. 4, 5, 7 et 8 de cet édit. Le meurtre, le rapt et le vol sont punis de la peine capitale.

L'exacte portée du principe de la personnalité des lois, même réduite aux matières civiles, est difficile à préciser. Pour n'indiquer qu'un des nombreux problèmes que ce principe soulève en matière de conventions, lorsque les contractants n'avaient pas la même origine, à quelle loi fallait-il recourir ? L'incertitude n'existe pas seulement pour le publiciste ou le jurisconsulte du XIXe siècle. Hincmar (*ae potestate regum*) parle ainsi des comtes chargés de l'application du principe : *Quando sperant lucrari aliquid comites, ad legem romanam se convertunt ; quandò verò per legem non æstimant acquirere, ad capitula confugiunt, sicque interdum fit ut nec lex nec capitula observantur, sed pro nihilo habeantur.*

Ce texte n'exclut-il pas, tout à la fois, et le système de l'abbé Dubos sur les tribunaux mi-partis, pour juger les contestations entre plaideurs d'origine diverse (t. II, p. 497 et 498), et le système de M. Laferrière, qui ne croit pas à l'unité de la juridiction pour les Francs et pour les Romains en matière civile, et ne l'accepte comme vraisemblable que pour les matières criminelles ? Ne confirme-t-il pas l'opinion de M. Pardessus, qui n'admet point que les anciennes juridictions romaines aient été maintenues pour statuer sur les *negotia causarum*, à juger *romanis legibus*? Le titre LX de la loi salique (texte d'Hérold), qui prévoit le refus des Rachimbourgs d'appliquer ses dispositions et établit des peines contre ce déni de justice, semble supposer l'unité de juridiction et le besoin de réagir contre les tendances d'envahissement du droit romain, dont la supériorité faisait l'ascendant.

Reste une dernière question, pour en finir avec le principe de la personnalité des lois. Les Gallo-Romains, les Burgondes, les Wisigoths, avaient-ils la faculté d'abandonner leur loi d'origine, leur loi naturelle, pour suivre une loi d'adoption? Avaient-ils le choix de la loi sous laquelle ils devaient vivre ou être jugés? Oui, disent l'auteur des *Lettres historiques sur le Parlement* (p. 46), l'abbé Dubos, (t. II, p, 603), Montesquieu (*Esprit des Lois*, liv. XXVIII, ch. IV), Mably (*Observations sur l'Histoire de France*, liv. I, ch. II), M. Raynouard (*Histoire du Droit municipal en France*, t. I, p. 274), M. Guizot (*Histoire des Origines du Gouvernement représentatif*, t. I,

p. 346, XVIIIe leçon) et M. de Pétigny, qui toutefois n'accorde l'option qu'aux barbares et la refuse aux Romains.

L'idée de M. de Pétigny est le contre-pied de l'opinion d'un auteur allemand, qui soutient que les Romains, non les Germains, pouvaient choisir leurs lois. M. de Savigny (et il discute avec grand soin cette question, t. I, trad. Guenoux, p. 110-121), M. Pardessus, (*Loi salique*, 2e dissert., p. 443, 444 et 445), M. Augustin Thierry (*Récits des Temps mérovingiens*, ch. II, p. 75 et 76), refusent aux individus le droit de disposer ainsi de leur condition et de se créer *ad libitum* une nouvelle patrie.

Sans doute cette liberté eût été un instrument de fusion, et eût été, dans un certain sens, favorable à l'unité, puisque les avantages de la loi des conquérants eussent été offerts comme un appât aux diverses populations. Mais l'exemption d'impôts publics, d'impôts directs au moins, cette exemption dont les Francs jouirent d'abord, et qui fut peut-être le seul droit attaché à leur naissance aurait eu une grande puissance de tentation.

M. Laferrière (*Histoire du Droit civil de Rome et du Droit français*, t. III, p. 332) semble admettre l'efficacité de ce moyen pour se dérober à l'impôt. Mais il subordonne son emploi à une condition d'octroi et de bienveillance. « Les Gallo-Romains purent, *à titre de faveur et de récompense*, participer à la loi « d'exemption, *mais en renonçant à leur nationalité*, en demandant à être inscrits « parmi les Francs, à vivre sous la loi salique, à jouir du droit DE FRANCHISE (*francitate uti*). »

Dans le système des lois facultatives, le droit romain aurait dû tomber promptement en désuétude. C'est bien ce que dit Montesquieu : « Je dis que le droit romain perdit son « usage chez les Francs, à cause des grands « avantages qu'il y avait à être Franc, barbare, ou homme vivant sous la loi salique; « tout le monde fut porté à quitter le droit « romain, pour vivre sous la loi salique. »

Montesquieu a très-bien compris la conséquence de la faculté d'option qu'il proclamait. Mais l'abbé Dubos, auquel revient en grande partie l'honneur d'avoir réhabilité l'élément romain dans notre histoire et démontré sa perpétuité, eût dû, logiquement peut-être, accueillir avec moins d'empressement et comme se conciliant peu avec sa thèse, le prétendu droit de choisir sa loi. La même observation s'applique à M. Raynouard et à M. de Pétigny.

Augustin Thierry a accusé bien à tort Montesquieu d'avoir payé tribut *à la faiblesse de l'attention humaine dans ceux mêmes qui sont doués de génie,* et il lui reproche une contradiction dans laquelle le grand publiciste n'est pas tombé.

« Montesquieu ne s'aperçoit pas que cette « conquête des barbares, qu'il vient de caractériser si énergiquement, s'anéantit sous « sa plume, qu'elle ne fait que paraître et « disparaître comme une vaine fantasmagorie; que, si chacun pouvait à son gré devenir membre de la nation conquérante, « il n'y a plus sérieusement ni vainqueurs

« ni vaincus, ni Francs ni Romains; que
« ce sont des distinctions sans valeur sur
« l'histoire de nos origines. Avec cette fa-
« culté laissée aux vaincus de prendre la
« loi, c'est-à-dire les priviléges, de la race vic-
« torieuse, que devient l'orgueil des Francs,
« leur mépris pour les Romains, l'oppres-
« sion légale que, selon Montesquieu lui-
« même, ils firent peser sur eux, en un mot,
« cette cruelle différence (l'expression lui ap-
« partient) qui, établie entre les deux races
« à tous les degrés de la condition sociale,
« prolongea, pour les indigènes, les misères
« de l'invasion?

« Montesquieu fut induit en erreur par
« deux textes, qu'il examina trop légèrement.
« Le premier est le titre XLIV de la plus an-
« cienne rédaction de la loi salique. On y
« lit : « *Si quelque homme libre tue un Franc*
« *ou un barbare ou un homme vivant sous*
« *la loi salique* » .... Ce qui semble dire
« qu'il y avait des hommes de race non ger-
« manique, des Romains, qui vivaient sous
« cette loi. Mais la leçon est fausse, comme

« on peut le voir, si on la rapproche des va-
« riantes qu'offrent les différents manuscrits,
« et surtout de la rédaction amendée par
« Charlemagne, la plus correcte et la plus
« claire de toutes. Il est évident que le mono-
« syllabe *ou*, en latin *aut*, s'est redoublé par
« inadvertance du copiste ou de l'imprimeur,
« que le vrai sens de l'article est celui-ci:
« *Si quelque homme libre tue un Franc ou un*
« *barbare vivant sous la loi salique*[1], » et qu'il
« n'y a pas, dans cet article, la moindre place
« pour les Gallo-Romains.

« Le second texte pris à faux par l'illustre
« écrivain est la constitution promulguée à
« Rome, en 824, par Lothaire, fils de Louis-
« le-Débonnaire, afin de terminer la que-
« relle des Romains avec leur évêque Eugène
« II. C'est une ordonnance uniquement faite
« pour les habitants de la ville et de son ter-
« ritoire, et non, comme trop de savants
« l'ont cru, un capitulaire général applicable
« aux hommes de race romaine dans toute
« l'étendue de l'empire franc. « Nous vou-
« lons, » dit cette constitution traduite ici

« littéralement, avec ses bizarreries gram-
« maticales, « nous voulons que tout le
« sénat et le peuple romain soit interrogé, et
« qu'il lui soit demandé sous quelle loi il
« veut vivre, afin que dorénavant il s'y main-
« tienne ; et, en outre, qu'il leur soit déclaré
« que, s'ils viennent à transgresser la loi dont
« ils auront fait profession, ils seront passi-
« bles de toutes les pénalités établies par elle,
« selon la décision du seigneur pape et la
« nôtre. » Une autre rédaction du même
« acte qui se trouve jointe, on ne sait pour-
« quoi, à tous les recueils des lois lom-
« bardes, porte, il est vrai, ces simples mots :
« Nous voulons que tout le peuple ro-
« main.... » Le mot *sénat* y est omis ; mais
« cette omission ne suffisait nullement pour
« causer la méprise ; car si, dans tous les
« royaumes fondés par les conquérants ger-
« mains, les indigènes, les *provinciaux* de
« l'empire furent appelés *Romains* et distin-
« gués ainsi des hommes de l'autre race,
« jamais aucun acte public, ni en Gaule, ni
« en Espagne, ni dans l'Italie lombarde,

« ne leur donna le nom collectif de *peuple* « *romain*. Ce nom, restreint aux habitants « de Rome et du duché de Rome, fut, dans « la langue diplomatique du moyen âge, « une appellation spéciale, et comme un der- « nier titre de noblesse, pour les citoyens « de la ville éternelle (*Récits mérovingiens*, « ch. II, p. 74 et 75). »

Montesquieu fait une objection, que ne relève pas l'auteur des *Récits mérovingiens*. Si le droit romain a survécu avec plus de ténacité dans les anciens royaumes des Wisigoths et des Burgondes, c'est que la loi wisigothe et la loi Gombette ne traitaient pas avec plus de faveur les Wisigoths et les Burgondes que les Gallo-Romains ; en sorte que ceux-ci n'eurent aucun intérêt à abandonner leur loi maternelle pour la loi des vainqueurs (*Esprit des Lois*, liv. XXVIII, chap. IV).

Le fait dont se prévaut Montesquieu n'a pas la portée que l'auteur lui attribue. Ce fait s'explique par deux causes : 1° les Francs étaient beaucoup moins nombreux dans le midi que dans le nord; dans le midi, ils ne constituaient qu'une minorité, et la supériorité numérique des Gallo-Romains assurait à leurs mœurs, à leurs idées, à leurs lois, la prépondérance; 2° la civilisation romaine, au moment de l'invasion, avait fait plus de progrès et avait plus de puissance dans la partie méridionale de la Gaule que dans la partie septentrionale: elle avait donc sous ce rapport encore une influence d'attraction plus considérable.

C'est surtout dans les villes, et plus spécialement dans les villes du midi que dans les villes du nord, que la tradition romaine se perpétua. L'aristocratie germaine se serait trouvée trop à l'étroit dans leurs murs..... La vie urbaine, la vie municipale offrait un but et comme une consolation à l'activité de la portion de l'aristocratie gallo-romaine qui n'était pas entrée dans le cadre des fonctionnaires publics et était restée en dehors de l'organisation politique. L'administration des affaires locales, sous la surveillance et si l'on veut la direction du comte et sous la protection de l'évêque, maintenait l'influence des mœurs et des idées qui survivaient à l'empire romain. Celles des villes qui obtinrent l'immunité ecclésiastique constituèrent de petits Etats, dans lesquels l'évêque fut investi de presque tous les droits de la souveraineté. Elles prirent place plus tard dans la hiérarchie féodale, furent vassales tantôt d'un seigneur ecclésiastique, tantôt d'un seigneur laïque, et elles eurent elles-mêmes des vassaux. Leur population ne se composait pas seulement d'affranchis, d'artisans, d'hommes voués aux industries infimes. Formées principalement de Gallo-Romains, elles renfermaient déjà des classes très-variées et des conditions fort inégales. Elles étaient comme un asile ouvert au commerce, à la richesse mobilière; et, tout en empruntant, notamment par la hiérarchie des corporations ouvrières, quelques caractères au régime féodal, elles s'en séparèrent toujours et restèrent plus romaines que le système auquel elles se pliaient.

La féodalité, qui, sous la race et sous la

dynastie carlovingienne, sortit du sol et s'y assit, eut-elle pour effet d'entraver ou de seconder la fusion des races?

Elle divise et subdivise la société en une hiérarchie de fiefs de tout ordre, duchés, comtés, vicomtés, baronnies, châtellenies, simples châteaux; elle brise, morcelle, localise la souveraineté, en faisant du pouvoir un droit privé et en subordonnant non plus la terre à l'homme, mais l'homme à la terre.

Sous ce rapport, la féodalité réagit contre la civilisation romaine, contre les traditions de centralisation et d'unité.

Chaque petite société est le résultat d'un contrat tout à la fois foncier et militaire, du contrat d'inféodation. Ce n'était pas le contrat social rêvé au XVIe siècle et accrédité au XVIIIe, le contrat par lequel chaque individu est réputé traiter sur un pied absolu d'égalité avec le corps même de l'association. Le contrat d'inféodation était un contrat d'inférieur à supérieur, un contrat dont la force est la principale sanction.

La féodalité est surtout une société militaire ; son principe et son moyen, c'est la guerre ; le droit politique, le droit privé, la procédure, le système d'éducation, sont fortement empreints du caractère militaire.

Sans doute, cette société, entée sur un contrat d'inférieur à supérieur, rappelait, sous quelques rapports, la relation germanique de compagnon à chef. Mais d'abord, en général, et sauf l'exception des fiefs incorporels, des fiefs en l'air, qui ne s'introduisit qu'avec le temps et quand les terres manquèrent, la société féodale n'était contractée qu'accessoirement à une concession de domaines, et la relation, au lieu d'être seulement personnelle, était surtout réelle et territoriale. Ensuite, cette relation, directe et immédiate aussi, du concédant au concessionnaire, comme celle du chef au compagnon, était médiate et indirecte du concédant au sous-concessionnaire, parce que l'inféodation comportait des sous-inféodations, et que la sous-inféodation comportait elle-même une série échelonnée de sous-inféodations ultérieures.

La souveraineté perdait son caractère de personnalité, pour revêtir un caractère de réalité et de territorialité.

La réaction de la féodalité contre la centralisation romaine n'avait donc pas un caractère exclusivement germanique.

La féodalité eut pour effet de ne laisser subsister, au moins dans les campagnes, que deux classes d'hommes, des possesseurs de fiefs, grands et petits, et des possesseurs de tenures serviles. On ne s'enquérait plus, on ne tenait nul compte au moins, de l'origine germanique ou romaine. On s'attachait uniquement au degré dans la hiérarchie des fiefs, ou à l'asservissement soit à des travaux de culture, soit à des travaux manuels. La diversité des populations était remplacée par la diversité des classes.

Les lois de l'association féodale résultent du contrat d'inféodation et de la coutume, plus ou moins empreinte de droit celtique, de droit romain et de droit germanique, suivant l'importance comparative des éléments qui constituaient chaque groupe social. La coutume ne s'écrivait point dans le principe, non pas seulement parce que l'usage de l'écriture devenait plus rare, mais encore parce que la coutume ne naissait pas armée de toutes pièces, comme une œuvre accomplie et parfaite, mais qu'elle se formait, en quelque sorte, au jour le jour, en rompant avec tout ce qui, dans le passé, contrariait le besoin actuel, et parce que, enfin, le souverain était trop rapproché de ses hommes pour éprouver la nécessité d'écrire des lois.

La féodalité tendait à constituer un grand nombre d'unités plus ou moins importantes, qui étaient comme un acheminement vers la grande unité nationale.

En somme, la féodalité a mêlé les populations, tout en les séparant et en les classant, et en multipliant les lois comme les souverainetés, elle a plus qu'altéré, elle a aboli le souvenir de la différence des races, pour ne laisser subsister qu'une seule différence, la différence de rang et de condition entre les portions d'un même peuple, à travers toutes ses variétés.

Enfin, le contrat d'inféodation et de sous-inféodation à l'infini favorisait la division de la propriété noble, de la propriété qui se payait surtout en services militaires et en services judiciaires. La nécessité d'encourager la culture excitait aux affranchissements, à l'allégement de la servitude, qui liait plus à la terre qu'à la personne. Il fallait multiplier les tenures roturières, et, pour cela, améliorer la condition des colons, des tenanciers, des censitaires. La censive, à côté du contrat d'inféodation et dans une autre sphère, était tout à la fois un instrument de morcellement et de fusion.

Il y a des écrivains qui ne voient dans le développement de notre civilisation, dans notre histoire politique, dans notre histoire juridique, que le triomphe de la tradition romaine. A un élément important, considérable, ils accordent, non la prépondérance, mais toute la place. Grands admirateurs de la monarchie de Louis XIV, ils en font, après coup, la théorie, et ils en trouvent les fondements dans la souveraineté des empereurs romains, bien que la souveraineté romaine remontât du peuple au prince (1), tandis que la souveraineté royale, au XVIIe siècle, descendait de Dieu au roi.

On comprend que ces écrivains disent, avec M. de Châteaubriand (2) : « Je vois la « société romaine subsister presque tout « entière dominée par quelques barbares « jusque vers la fin de la seconde race. »

L'abbé Dubos est le vrai chef de cette école, à laquelle se rattachent, par des liens plus ou moins nombreux, M. de Savigny, M. Raynouard, M. Pardessus, M. Lehuërou, M. Laferrière, M. de Pétigny. M. de Montlosier lui-même a subi l'influence de l'abbé Dubos, qui a rendu d'immenses services à toutes les écoles modernes (3).

(1) *Dig.*, liv. Ier, tit. IV, fr. Ier ; et liv. Ier, tit. III, fr. 31, § 7; *Inst.*, liv. Ier, tit. II, § 6.

(2) *Préface des Etudes historiques.*

(3) Je ne voudrais pas dire, avec M. de Châteaubriand : « On vole l'abbé Dubos, sans avouer le larcin ; il serait plus « loyal d'en convenir. » Nos grands historiens et nos publicistes

A cette domination exclusive de l'élément romain, dont on demande la preuve à l'histoire politique et juridique des deux premières races, j'oppose plusieurs objections.

Et d'abord, bien qu'il y ait, entre la loi politique et la loi civile, de nombreux rapports d'action et de réaction, l'idée romaine n'a pas exercé sur les deux lois la même mesure d'empire.

En second lieu, l'unité de territoire et l'unité de pouvoir ne sont pas, plus que l'unité de législation, une conquête exclusive de l'idée romaine..

Enfin, il ne faut pas reporter dans les premiers temps, comme seules vivantes, des idées qui avaient de la puissance, mais qui, depuis, en ont acquis beaucoup plus, parce qu'elles se sont fortifiées dans leurs longues luttes contre la féodalité.

n'ont pas dissimulé ce qu'ils doivent au savant livre de l'abbé Dubos, qu'ils ont réhabilité et véritablement vengé de l'injustice de Montesquieu qui disait de lui : « Rien ne recule plus le « progrès des connaissances qu'un mauvais ouvrage d'un au- « teur célèbre, parce qu'avant d'instruire il faut commencer « par détromper. »

Veut-on se convaincre que l'élément latin, réduit à lui-même ou ne se laissant pas assimiler par la cohabitation, n'a pas eu toutes les ressources de création dont on le dote? Qu'on jette un regard sur la haute Italie! Dans aucun pays, l'élément latin n'a été plus obstiné et plus tenace. Que de formes politiques, que d'essais d'organisation, que de pouvoirs il a traversés! La tradition romaine, par sa langue, par ses lois, par certaines institutions municipales, a survécu au royaume des Ostrogoths, cette fondation presque viagère de Théodoric, à la souveraineté intérimaire conquise, au profit de l'empereur d'Orient Justinien, par Bélisaire et Narsès, au royaume des Lombards, à la souveraineté franque, la souveraineté carlovingienne, qui le détruisit, à la souveraineté germanique d'Othon Ier et de ses successeurs, aux fiefs de l'empire, aux républiques plus ou moins gibelines, à la domination espagnole depuis Charles-Quint, à la domination autrichienne depuis Joseph Ier, à la souveraineté française de Napoléon Ier, etc... Eh bien! hier encore, où en était la cause de l'unité? Je sais bien qu'elle a rencontré de grands obstacles, spéciaux à l'Italie. L'élément latin n'a jamais souffert de l'alliance de l'élément gaulois, et surtout il ne l'a pas absorbé.

Dans les questions d'origine de notre droit, dans les systèmes qu'elles ont soulevés, il y a peut-être le germe de plus d'un aperçu qui n'est pas étranger à nos questions contemporaines.

Je ne crois pas qu'il y ait, de nos jours, en France, une école qui professe que la civilisation et la législation françaises sont des œuvres exclusivement germaniques. MM. Guizot, Thierry, Mignet, Michelet, Henri Martin, pour l'histoire générale, et pour l'histoire juridique, tous ceux qui l'ont enrichie de leurs travaux, ont fait, et dans des mesures inégales, aux conséquences de la conquête une grande part; mais ils ont tenu beaucoup de compte de l'élément romain, qui leur a inspiré plus de sympathie que d'hostilité. Le système de Boulainvilliers n'a plus, chez nous, d'adeptes, et, si on l'a relevé, c'était pour s'en faire une arme contre les intérêts mêmes qui l'avaient édifié comme une égide. On ne croit pas à la coexistence perpétuée de deux peuples, le peuple germanique et le peuple gallo-romain, le peuple vainqueur et le peuple vaincu ; on ne croit pas davantage à la coexistence perpétuée d'une classe originairement libre et d'une classe affranchie ; M. de Montlosier n'a pas plus de disciples que le comte de Boulainvilliers.

L'école historique moderne, à laquelle la science du droit doit beaucoup, mais n'a peut-être pas encore assez emprunté, a fait justice de toutes ces idées. Aussi, et nous attachons quelque importance à cette remarque, l'un des plus récents interprètes des idées aristocratiques de l'ancienne société française, dans un livre qui a été pour lui bien plutôt une œuvre de polémique qu'une œuvre d'érudition ou d'histoire, s'est-il rallié au système d'un historien légiste du XVIe siècle, à la *Franco-Gallia* d'Hotman, et il a vu, dans les Francs, des libérateurs des

Gaulois, des destructeurs du joug romain ; pour lui, notre France ne se compose que de deux éléments, l'élément fourni par la Gaule et l'élément germanique : « Les Gaulois « étaient versés dans les sciences et dans les « lettres ; ils avaient des écoles célèbres, un « commerce étendu, une industrie, des « mœurs polies et hospitalières. C'était in- « différemment en Grèce et dans les Gaules « que, du temps de Strabon, les jeunes pa- « triciens de Rome venaient perfectionner « leur éducation morale ; mais les Gaulois « participaient à la mollesse et à l'inertie que « produisent toujours le luxe et les jouis- « sances de la vie urbaine, quand le ressort « de la liberté politique n'a point d'action « sur les citoyens. Il est donc évident que « les Francs avaient précisément ce qui « manquait aux Gaulois pour être une na- « tion, et que les Gaulois possédaient ce « qui manquait aux Francs ; il est évident « que ces deux peuples devaient trouver, « en s'unissant, cette existence politique complète que ni l'un ni l'autre ne pou-

« vaient se donner avec les institutions pro-
« pres à chacun d'eux (1). »

Ce qui est aujourd'hui sérieusement contesté, c'est l'action de l'élément gaulois, de l'élément qu'on appelle *l'élément celtique* (2), dans la formation de notre nationalité et de notre législation. Un professeur très-distingué, auquel ses études spéciales et sa haute intelligence donnent une grande autorité, M. de Valroger vient d'écrire : « Les « origines celtiques m'ont toujours paru un « mirage, qui fascine de loin les regards, « mais qui s'évanouit quand on veut le « saisir (3). »

(1) De Lourdoueix, *De la Restauration de la Société française*, 3e édition, p. 34, 35, 42, 43.

(2) D'après M. Alfred Maury (de l'Institut), les Grecs « ap« pelaient les Gaulois *Celtes* (Κελτοί), sans doute d'après le « nom que ce peuple se donnait à lui-même, et leur pays était « alors pour eux la Celtique (Κελτική)..... Les Latins appe« laient les Gaulois *Galli*, nom qui semble n'être qu'une forme « latinisée du nom de *Celtes;* car le C se prononçait souvent « dur dans le nord de l'Italie, et l'on a une foule de preuves « qu'il se confondait fréquemment avec le G ; le T était sans « doute tombé dans la latinisation du nom ethnique (*Revue « germanique*, t. VIII, p. 7). »

(3) *Revue critique*, tome XIV, p. 96.

M. Troplong est beaucoup moins absolu ; mais pourtant je crains qu'il n'ait encore amoindri une influence à laquelle je serais porté à attribuer une grande puissance d'assimilation. Je reproduis une belle page du jurisconsulte historien :

« L'étude des races a amené pour con-
« séquence l'étude des vestiges que les races
« ont laissés dans l'arène mobile de la ci-
« vilisation, et l'on essaie de remonter par
« là aux titres les plus anciens de la généa-
« logie des nations. Toutefois, avouons-le,
« cette matière est pleine de conjectures
« et d'hypothèses, et il est également pé-
« rilleux d'y croire et de n'y pas croire (*pe-*
« *riculosum est credere et non credere*). Les
« uns, comme Grosley, ont bâti sur des fon-
« dements gaulois tout l'édifice de nos cou-
« tumes ; l'abbé Dubos et Bouhier veulent,
« au contraire, que tout se rapporte aux Ro-
« mains ; tandis que l'école germanique re-
« vendique pour les Germains la part la
« plus considérable dans les principes qui
« ont gouverné le moyen âge.

« Pour mon compte, sans repousser tout « à fait ces trois systèmes, je n'en adopte « complétement aucun. L'influence de l'é- « lément gaulois a été médiocre; sans doute « il servait de base au travail successif dont « nous sommes sortis; mais cette base fut « molle et sans résistance. Elle garda mieux « ce que Rome lui donna que ce que sa « vieille civilisation avait mis en elle d'o- « riginal.

« L'élément gaulois fut donc transfiguré « par le contact romain. Plus tard, l'élé- « ment germanique, ajouté à cette première « fusion, en a fait une autre nation, la na- « tion française, nation qui n'est ni gauloise « ni germanique, qui a son caractère propre, « sa physionomie éminemment distincte, qui « ne ressemble pas plus aux Celtes par les « lois, les mœurs et le langage, que les « Français d'aujourd'hui ne ressemblent à « ces Gaulois dont la haute stature inspirait « l'effroi aux Romains.

« L'élément germanique a été beaucoup « plus actif et plus fécond; mais, il ne

« faut pas s'y tromper, il ne s'est implanté
« dans les Gaules romaines qu'à la con-
« dition de s'y modifier. Tout, en effet,
« revient à une autre vie sur cette terre
« de transformation; sous l'influence d'un
« autre climat, du mélange avec un autre
« peuple, d'une autre civilisation religieuse
« et politique, les idées germaniques ont
« subi de profondes altérations. Plusieurs
« durent périr après un règne éphémère;
« les autres ont pris un développement et
« une forme tout à fait inconnues dans la
« vieille Germanie. La race elle-même des
« vainqueurs s'est fondue avec la race des
« vaincus, à tel point qu'il est aussi dif-
« ficile de retrouver par masse le type
« germanique décrit par Tacite, que le
« type celtique décrit par César. Ceci n'est
« pas un argument contre le système de
« l'immortalité des races défendu par
« MM. Thierry et Edwards. Je ne veux pas le
« préjuger ; ce que j'entends dire, c'est sim-
« plement, qu'à part certains attributs essen-
« tiels et constitutifs, tout change en nous

« et surtout en France, sous la main puis-
« sante de la Providence. Et il faut qu'il
« en soit ainsi ! Cette heureuse souplesse de
« la nature de l'homme est une aptitude
« au perfectionnement ; auxiliaire de la li-
« berté, elle lui facilite l'accomplissement
« de son œuvre de progrès.

« Quant à l'élément romain, il est im-
« possible d'étudier notre passé sans le
« retrouver à chaque pas ; mais il est égale-
« ment impossible de méconnaître les at-
« teintes et les défaites qu'il a subies (1). »

Klimrath, MM. Augustin et Amédée Thierry, M. Michelet, M. Henri Martin, font une part beaucoup plus large à l'élément celtique (2). M. Laferrière notamment a consacré une partie du tome II de son *Histoire du Droit civil de Rome et du Droit français* à la preuve du maintien de la tradition gallique. Il l'a cherchée, et, suivant nous, il

(1) *Revue de Législation*, année 1840, tome Ier, p. 14, 15 et 16.

(2) Voir aussi un article de M. Granier de Cassagnac (*Revue de Législation*, t. III, p. 161).

l'a trouvée spécialement dans le droit civil, dans l'état des personnes, dans les rapports des personnes avec les propriétés foncières ; et, pour nous borner à une indication, il établit que c'est du droit gallique que nous vient le principe : « *Paterna pater-*« *nis, materna maternis* (les propres ne « remontent point) » (1), et le principe : « Les héritiers sont engendrés et non insti-« tués (*gignuntur heredes et non inscribun-*« *tur*) », ce principe si énergiquement traduit par Glanville : « *Solus Deus heredem* « *facere potest, non homo* (2). »

Comment les Gaulois, qui ont subi la domination et la civilisation romaines, mais qui, après tout, ont constitué le fond principal de la population, se seraient-ils laissé absorber et n'auraient-ils pas communiqué aux races étrangères quelque chose de

(1) Voir *Institutes coutumières* d'Antoine Loysel, liv. II, titre V, *des Successions*, n° 332, édit. de MM. Dupin et Laboulaye. Voir cependant, sur l'origine de ce principe, de Laurière, *loco citato*.

(2) Voir Loysel, liv. II, tit. IV, n° 304.

la vieille séve qu'une longue indépendance avait développée en eux ? Comment la tige primitive n'aurait-elle pas mêlé sa vie aux greffes qu'elle a reçues ?

Si la classe moyenne avait presque entièrement disparu, les grands propriétaires fonciers et le menu peuple appartenaient, en majeure partie, à la classe indigène, et c'est au haut et au bas de l'échelle sociale que l'esprit traditionnel a le plus de fixité et d'énergie. Si les sommités se laissent modifier à la surface et en quelque sorte teindre, elles gardent, non-seulement leur substance, mais la couleur originelle, qui tend toujours à reprendre le dessus. Dans les couches infimes de la société, c'est à peine si l'idée nouvelle, l'idée étrangère, parvient à pénétrer et altère même l'apparence. Les classes intermédiaires, dans un but quelquefois fuyant de progrès, acceptent plus volontiers des renouvellements et dans leur composition et dans leurs mœurs (1).

(1) Dans un mémoire récemment lu à l'Académie des sciences morales et politiques, M. Sudre constatait la nullité de l'ac-

Un savant romaniste, un homme aussi très-versé dans la connaissance des origines de notre droit, M. Giraud, arrive, sur cette question, à des conclusions qui ne me semblent pas en parfait rapport avec les faits que son érudition constate.

Il reconnaît que l'essence du caractère français est gallique; que l'élément gallique domine dans notre nationalité; que les deux tiers de la population française sont d'origine celtique; et, cependant, il écrit que le droit celtique a péri, non-seulement par

tion exercée par les immigrations romaines sur le sang gaulois, et il invoque, avec raison, sous ce rapport, le témoignage d'Ammien-Marcellin, qui écrivait vers la fin du IVe siècle et faisait des Gaulois le même portrait qu'en avaient fait Diodore de Sicile, Posidonius, Strabon et Virgile (Compte rendu par M. Ch. Vergé, année 1859, p. 362).— M. Giraud (*Histoire du Droit français au Moyen Age*) soutient que les classes supérieures recherchèrent « une transformation qui s'accommodait « à leurs intérêts et qui flattait leurs goûts, et que les mœurs « celtiques ne persistèrent que dans l'ancienne *plebs* gauloise. » Sa conclusion, toutefois, n'est pas aussi différente de la nôtre qu'on pourrait le supposer, puisqu'il écrit : « De l'ancienne « civilisation celtique il ne resta, pour vrai dire, rien de « considérable, si non le caractère propre des Gaulois, sous la « forme romaine (T. Ier, p. 76). » Le caractère, c'est bien quelque chose..... N'est-ce point même ce qu'il y a de principal?

voie d'autorité, par abrogation, mais par la nature des choses, par l'effet de la naturalisation romaine (1).

« Quelques coutumes rurales, quelques « usages juridiques ont, sans doute, échappé « à ce bouleversement de l'ordre ancien ; « mais ils n'ont pu se conserver que dans « les cantons isolés où la langue et la re-« ligion gauloises avaient conservé leur au-« torité. »

Plus loin, M. Giraud dit, page 79 : « Le « premier phénomène qui nous frappe, c'est « qu'une civilisation étrangère a été natura-« lisée dans la Gaule, qui devint ainsi « l'image de Rome, *moins les Romains* ; car « les Italiens, qui vinrent s'établir dans les « Gaules comme citoyens des colonies, com-« me banquiers, fermiers publics ou com-« merçants, restèrent en petit nombre rela-« tivement aux indigènes. La civilisation « romaine absorba donc la civilisation na-

(1) *Histoire du Droit français au Moyen Age*, p. 17, 55 56 et 57.

« tionale, mais elle demeura une *civilisation*
« *d'imitation et d'emprunt.* »

Plus loin encore, à la page 82 : « Et voilà
« pourquoi, lorsque les invasions germani-
« ques eurent dégagé la Gaule de la puissance
« romaine, il ne se trouva plus *d'anciens*
« *Gaulois, mais seulement des Romains.* »

Mais si les Gaulois, sous la domination des Romains, n'ont pas rompu avec leur nature propre, s'ils ne se sont pas laissé assimiler par une minorité, s'ils n'ont accepté que l'enveloppe romaine, que les formes d'une civilisation d'emprunt, comme, en fait de nationalité, la forme n'emporte pas le fond, les Gaulois ne furent jamais de vrais Romains, et ils ne perdirent pas toutes leurs traditions.

Leur droit abrogé survécut, altéré, corrompu, si l'on veut; mais il survécut, au moins dans la coutume et dans ce qui était du domaine de la liberté des conventions.

M. Giraud est amené lui-même à faire une part aux idées que nous défendons.

Je lis, page 56 : « Là où subsistaient des

« éléments inévitables de l'ancienne organisation sociale, un droit romain mitigé « se substitua à l'ancien droit. »

Je lis encore, page 79 : « Les Gaulois revêtirent donc l'apparence romaine, sans « devenir Romains. Leur nature propre fut « brisée; mais elle ne fut remplacée, ni par « la nature romaine qui leur manquait, « ni par cette foi qui pousse les nations à « d'héroïques efforts. Le mécanisme de l'administration romaine devait bien tenir « lieu, pour un temps, de lien national supprimé; mais les forces romaines transportées en pays étranger ne pouvaient être « que des formes mortes, dépourvues de « virilité, de vitalité. En abdiquant le passé, « les peuples transformés perdaient la foi « en l'avenir. »

M. Giraud finit par proclamer que la nationalité gauloise dut revivre sous une forme nouvelle (p. 81). Seulement, il ajoute (même page) que la nationalité romaine de la Gaule n'a rien qui ressemble à la nationalité gauloise.

Dans ce système, deux nationalités gauloises auraient été entées l'une sur l'autre, ou plutôt auraient, sans aucun lien de génération, succédé l'une à l'autre, puisque la première se serait évanouie.

C'est singulièrement exagérer l'influence romaine, qui modifia considérablement, transforma peut-être, mais ne détruisit pas l'ancienne nationalité gauloise.

Comment, d'ailleurs, le savant écrivain a-t-il pu, quand, à ses yeux, la civilisation romaine n'était, pour la Gaule, qu'une civilisation empruntée, factice, dire que les Germains ne trouvèrent plus des Gaulois, *mais seulement des Romains?*

S'il s'agissait de recherches d'érudition, je jurerais vraisemblablement sur la parole d'un maître; mais la question ne relève que de la logique, et tous sont compétents po[ur] la discuter.

La Gaule n'a pas seulement réagi par les idées. Si j'en crois un publiciste du XVIe siècle, l'ami de Montaigne, un vrai témoin gaulois, Pasquier, la Gaule a réagi par les armes ; et, sur des controverses qui ne datent pas d'hier, on ne doit pas dédaigner des témoignages qui ne sont pas d'aujourd'hui. « Et, au « surplus, il se trouvera (je dis ceci par un « privilége péculier qui nous a été octroyé « par la fortune) que l'heur de la Gaule a « été tel, que, de la même main qu'elle a « été subjuguée par l'Italien ou Germain, « cette victoire s'est tournée à la foule et « oppression, voire entière servitude de « l'Italie ou Germanie, qui se vantait d'être « de nous victorieuse. Qu'il soit vrai, n'est-il « certain que Jules-César, qui rendit les « Gaules tributaires, soudain, au retour de « sa grande conquête, envahit l'empire ro- « main, au grand dommage et ruine de « toute la liberté, ainçois de toute la chose « publique romaine, voire jusqu'à favoriser « le Gaulois au désavantage des siens, lui « donnant, contre l'avis de tous, entrée au « sénat et commun parlement d'affaires? « De même façon, voyez-vous que ce grand « Clovis, Germain, étant venu à chef d'une « partie de nos Gaules, non content de telle

« victoire, ou peut-être induit par une des-
« tinée gauloise, s'attacha au même pays du-
« quel il était descendu, c'est-à-dire à la
« Germanie, lors possédée, en la plus grande
« part, par l'Allemand, soumettant le tout
« par une brave victoire qu'il eut à la jour-
« née de Tolbiac, sous sa puissance, usant
« de là en avant de la Gaule comme de son
« vrai manoir, et rendant l'Allemagne à soi
« tributaire, comme si elle lui eût été étran-
« gère : qui est une considération qui tour-
« nerait grandement à l'honneur de notre
« pays, n'était que les victoires étant jour-
« nalières, c'est, à mon jugement, une que-
« relle assez mal fondée de s'estimer de plus
« ou moins, pour avoir été quelquefois ou
« vaincu ou victorieux, quand la vertu a
« failli d'une part et d'autre au besoin. Les
« Gaulois usurpèrent premièrement une par-
« tie de la Germanie ; les Germains, depuis,
« nous rendirent, par la venue des Fran-
« çais, le semblable. Et depuis, sous Clovis,
« et assez longtemps après, sous Charle-
« magne, la Germanie fut réduite en toute ex-

« trémité d'obéissance sous la Gaule, et dura
« cette monarchie jusque vers le temps des
« Othons. Ainsi changent de main en main
« les royaumes, sans que, pour cela, ils doi-
« vent être vilipendés : chose que j'ai voulu
« déduire en passant, afin de couper la
« broche aux étrangers de se haut louer
« dessus nous, et à quelques-uns des nô-
« tres de s'excuser, lesquels soutiennent
« (comme fait François Conam, honneur de
« notre Paris) que ces Français étaient en-
« core du vieil estoc des Gaulois qui, sous
« le prince Sigovèse, avaient choisi leur de-
« meure ès environs de la forêt Herci-
« nienne (1). »

Mais les Gaulois et les Germains constituaient-ils deux races distinctes ? N'y avait-il point entre eux, non pas une parenté éloignée, mais une véritable identité, une unité absolue, dans les temps historiques et même au moment de la conquête de César ? Dans ce système, notre droit, pas plus que notre

(1) Pasquier, *Recherches de la France*, éd. Feugère, t. Ier, pages 35 et 36.

population, ne se composerait de trois éléments ; l'élément germanique et l'élément romain seraient seuls en présence.

Cette thèse, discutée en Allemagne, en Belgique, en Angleterre, est vigoureusement soutenue par un professeur d'Heidelberg, M. Holtzmann, et elle est réfutée avec beaucoup de solidité par M. Brandes, professeur à l'Université de Leipsig. Le débat vient d'être résumé, en France, avec beaucoup d'impartialité et une grande hauteur de vues, par un de nos érudits, membre de l'Institut, M. Maury. L'auteur pèse le pour et le contre, et il a le droit de conclure. Sa conclusion, c'est que César, Tacite, Strabon, ont vu deux populations distinctes, quoique offrant quelques similitudes physiques et quelques analogies de religion, dans les populations gauloises et dans les populations germaniques. Il ne nie pas qu'à une époque fort ancienne, les Gaulois ne soient sortis de la Germanie : Gaulois et Germains sont, dit-il, venus de l'Asie ; mais les Gaulois ont précédé les Germains ; et, s'ils ont une origine commune, une origine indo-européenne, au moins dans les siècles voisins de notre ère, les seuls qui offrent des bases sérieuses à la critique historique, les nationalités étaient très-différentes et les dialectes étaient profondément divers (1).

Un autre membre de l'Institut, qui est resté étranger à cette controverse, a, dans un autre but et un autre intérêt, fait une observation qui, pour nous, quand il s'agit de la distinction des races, est d'une grande valeur.

Le savant auteur constate l'aversion des populations germaniques pour la codification, tandis que les Français, les Italiens, les Espagnols, ont toujours appelé avec impatience la protection de lois écrites. « Tant « que ces peuples (les Germains) sont restés « ce qu'ils étaient par eux-mêmes, tant « qu'ils n'ont point quitté leur sol natal « et n'ont pas obéi à des maîtres étrangers, « ils ont été régis par des coutumes tradi-

(1) *Revue germanique*, année 1859, p. 5-24.

« tionnelles, et l'on peut dire que l'attache-
« ment au droit coutumier et l'aversion des
« lois écrites sont un des caractères per-
« manents de leur race. Dans les temps
« modernes même, ce caractère distingue
« encore les nations d'origine teutonique
« des nations celto-romaines. Tandis que
« les Français, les Espagnols, les Italiens,
« ont manifesté, dès le moyen âge, une
« tendance constante à ne reconnaître d'au-
« torité qu'au droit écrit et à rédiger en
« codes les coutumes locales elles-mêmes,
« les Anglo-Saxons ont porté par tout l'uni-
« vers leur prédilection pour le droit tra-
« ditionnel, et, de nos jours, on a vu, en
« Allemagne, le vieux génie national se
« réveiller pour repousser l'introduction
« des codes français et faire prévaloir la
« tradition et la coutume comme les véri-
« tables bases scientifiques de la jurispru-
« dence (1). »

(1) M. de Pétigny, *Revue historique du Droit français*, tome II, page 305, *de l'Origine et des différentes Rédactions de la Loi des Bavarois*.

Sans exagérer l'influence des races, qui, comme celle des climats, doit être strictement limitée, pour laisser à la liberté humaine, c'est-à-dire à la moralité, la place qui lui appartient, je crois qu'il est permis d'interroger les tendances et de leur emprunter des inductions. Des aptitudes et des tendances, en tant qu'elles ne sont pas comme une condamnation originelle et comme un joug fatal, peuvent servir à classer et à différencier les populations. La conversion des Gaulois au christianisme n'a-t-elle pas été plus facile plus prompte, que la conversion des Germains? Et encore aujourd'hui, l'unité chrétienne n'est-elle pas vivante, surtout en France, en Italie et en Espagne? Les dissidences n'ont-elles pas principalement éclaté en Allemagne et en Angleterre? L'Autriche n'est pas une exception, *parce que les invasions dont elle a été le théâtre, ont, suivant* Malte-Brun, *tellement mélangé le sang des peuples qui s'y sont établis, qu'il est difficile d'y reconnaître les nuances qui s'y rencontraient jadis*; mais la race latine, qui occupait le *Noricum* n'a-t-elle pas conservé, sous le rapport au moins de l'action morale, la prépondérance?

J'emprunte, sans me les approprier d'une manière absolue, ces idées à un écrivain très-distingué de nos jours, à un membre de l'Institut encore, à M. Ernest Renan. Il dit, en parlant des Germains: « Jamais « ils n'oublièrent les baptêmes forcés et les « missionnaires carlovingiens appuyés par « le glaive, jusqu'au jour où le germa-« nisme reprend sa revanche et où Luther, « à travers sept siècles, répond à Witikind. « Dès le IIIe siècle, au contraire, les Celtes « sont déjà de parfaits chrétiens. Pour les « Germains, le christianisme ne fut long-« temps qu'une institution romaine imposée « du dehors; ils n'entrèrent dans l'Église « que pour la troubler, et ne réussirent que « très-difficilement à se former un clergé « national. Chez les Celtes, au contraire, « le christianisme ne vient pas de Rome: « ils ont leur clergé indigène, leurs usages « propres; ils tiennent leur foi de première

« main. On ne peut douter, en effet, que « dès les temps apostoliques, le christia- « nisme n'ait été prêché en Bretagne, et « plusieurs historiens ont pensé, non sans « quelque vraisemblance, qu'il y fut ap- « porté par des chrétiens judaïsants ou par « des affiliés de l'école de St-Jean. Partout « ailleurs, le christianisme rencontra, « comme première assise, la civilisation « grecque ou romaine. Ici, il trouvait un « sol nouveau, d'un tempérament analogue « au sien et naturellement préparé pour « le recevoir. Peu de chrétientés ont offert « un idéal de perfection chrétienne aussi « pur que l'église celtique aux VIe, VIIe, « VIIIe siècles........ Nulle race ne prit « le christianisme avec autant d'originalité, « et en s'assujettissant à la foi commune, « ne conserva plus obstinément sa phy- « sionomie nationale (1). »

Le christianisme, qui a exercé une si grande action sur notre droit, a trouvé, non

(1) Renan, *Essais de Morale et de Critique*, p. 436 et 437.

de la résistance, mais de l'empressement, dans l'élément celtique. Il devait aussi, triomphant des obstacles, conquérir la Germanie. Pour suivre l'histoire de cette conquête, il faut lire dans les *Mémoires historiques* de M. Mignet, le mémoire qui a pour titre: *La Germanie au huitième et au neuvième siècles, sa Conversion au Christianisme et son Introduction dans la Société civilisée de l'Europe occidentale.*

M. Renan a peut-être exagéré la vérité de sa remarque pour la mieux mettre en saillie. Je ne l'accepte, d'ailleurs, que comme un indice de diversité entre les populations gauloise et germaine.

Je ne veux pas, non plus, contester l'ancienne provenance d'une même souche; j'essaie seulement de résumer quelques-unes des preuves de la division en deux branches d'une même famille, branches qui se sont profondément oubliées, qui ne se reconnaissent plus et qui ont perdu, comme l'histoire, leur titre commun.

Toutefois, certaines ressemblances s'étaient perpétuées à travers les âges, dans la hiérarchie sociale, dans la constitution de la famille et du clan, dans la solidarité des hommes d'un même sang, dans la propriété collective de la fortune patrimoniale, si différente de la propriété romaine du *paterfamilias*, dans l'ordalie, dans la garantie du serment demandé aux parents et aux clients, dans le rachat du crime et même dans les deux idiomes (1).

Les Gaulois eux-mêmes ne formaient-ils qu'une race? Ne se composaient-ils pas au moins de trois races: les Aquitains, de la race ibérienne d'Espagne, les Celtes et les Belges?

Il n'y a de controverse que pour les Celtes et les Belges. M. Amédée Thierry a développé et accrédité la thèse, que les Celtes, ou *Galli*, avaient constitué la population primitive de la Gaule, et que les Belges étaient des *Kymris* ou *Cimbri*, d'origine celtique, mais de nouveaux venus modifiés par leur con-

(1) Ozanam, *les Germains*, chap. v, p. 254.

tact et leurs alliances avec les populations germaniques. Cette thèse a été combattue par M. Brandes, et en France par M. Roget de Belloguet.

Je ne dois que signaler cette curieuse question d'ethnologie. Quant à l'unité de famille antérieure aux époques historiques, en ce qui est des Gaulois et des Germains, elle prouverait trop, et, d'ailleurs, il faudrait l'étendre aux Romains eux-mêmes ; il est trop évident qu'il n'en faut pas tenir compte dans la question des origines de notre droit.

Dans cet essai de condensation d'aperçus puisés à des sources, elles aussi, bien diverses, j'ai voulu, par un rapprochement qui n'a rien de forcé, mettre en regard des jurisconsultes et des représentants de la science du droit, les publicistes, les historiens, les érudits, dont les études ont plus de généralité. Je veux maintenant clore ce travail par une application à notre enseignement spécial de l'idée que notre législation, comme notre population, a une triple origine. Je choisis une question très-controversée dans l'histoire interne du droit : *Quelle est l'origine de la communauté de biens ?*

L'origine est romaine, disent Brisson et le président Bouhier. Gordien n'appelle-t-il pas l'épouse romaine *socia rei humanæ atque divinæ?* L'épouse, en franchissant le seuil conjugal, ne disait-elle pas : « *Ubi tu Kaïus*, *ibi* « *ego Kaïa?* » Le jurisconsulte Scævola ne discute-t-il pas une question qui implique la validité d'une stipulation de société de tous biens entre mari et femme (*Dig.*, liv. XXXIV, tit. I, fr. 16, § 3)?

L'origine est gauloise, disent Pasquier, Grosley, Bernardi, et de nos jours, M. Berlier, M. Amédée Thierry ; et ils invoquent le passage si souvent cité des *Commentaires* de César : « *Viri quantas pecunias ab uxoribus* « *dotis nomine acceperunt*, *tantas ex suis bo-* « *nis æstimatione factâ cùm dotibus commu-* « *nicant. Hujus omnis pecuniæ conjunctim* « *ratio habetur fructusque servantur ; uter* « *eorum vita superarit, ad eum pars utriusque* « *cum fructibus superiorum temporum perve-* « *nit.* »

L'origine est germanique, disent de Laurière, et de nos jours, en Allemagne, Mittermaïer, Philipps, Eichhorn, et en France, Klimrath, MM. Dubois et Ginoulhiac ; et ils invoquent le passage de Tacite : « *Venire se* « *laborum periculorumque sociam, idem in* « *pace, idem in prœlio passuram ausuram,* « *hoc juncti boves, hoc paratus equus, hoc data* « *arma denuntiant.* » Ils font aussi du *mundium* le principe générateur. D'ailleurs, la loi des Ripuaires (titre XXXVII) n'accordait-elle pas à la femme un tiers des acquêts faits pendant le mariage? Ce droit du tiers n'a-t il pas été rappelé dans les formules de Marculphe et consacré par un capitulaire?

La communauté n'a exclusivement ni une origine romaine, ni une origine gauloise, ni une origine germanique.

La communauté n'est pas romaine, quoique la loi romaine ne l'exclue pas, parce qu'elle ne pouvait pas accorder, de plein droit, une pareille prérogative à la femme, dont la personnalité était absorbée par la personnalité du mari ou par celle du *paterfamilias*.

La communauté n'a pas une origine gauloise, puisque le texte de César suppose une masse, composée sans doute de deux apports égaux et se grossissant des fruits ou revenus accumulés pendant l'union conjugale.

Mais cette masse ne se partage pas; elle appartient au survivant; et ce n'est pas même la communauté de l'article 1525 du Code Napoléon, comme l'a cru M. Pardessus, puisque les fruits et revenus ne sont pas affectés aux charges du ménage.

La communauté a plutôt un caractère germanique.

Mais pourtant, a-t-on dit, non sans apparence de raison, ne ressemble-t-elle pas plus à un gain de survie qu'à un droit d'association? Et les articles 389 et 394 de la Coutume de Normandie, et l'article 81 du règlement de 1666 ne sont-ils pas un peu le commentaire de la loi ripuaire?

Je n'entre pas dans les détails de la discussion; je ne reproduis pas, et je n'accepte pas comme une vérité absolue, tous les arguments de M. Troplong et de M. Laferrière.

J'objecterais bien les articles 329, 331, 392, 393, de la coutume normande et la jurisprudence aujourd'hui constante, qui décide que le droit de collaboration est si peu un droit successif, qu'il n'a pas été atteint par l'article 61 de la loi du 17 nivôse an II, abolitif de toutes lois, coutumes, usages et statuts relatifs à la transmission des biens par succession ou donation (1).

Les arguments de M. Troplong et de M. Laferrière ont cependant assez de puissance pour établir que la communauté ne nous est pas arrivée, armée de toutes pièces, de la Germanie. L'élément romain, l'élément celtique et l'élément germanique ont eu chacun une part dans la formation du régime conjugal qui est devenu le droit commun de la France.

Le droit romain autorisait le contrat de

(1) Voir un excellent arrêt de la Cour de Caen, du 1er décembre 1853, et l'arrêt de rejet de la Cour de cassation du 10 novembre 1854.

société accessoirement à l'union conjugale. Mais la situation des femmes était trop humble pour que cette liberté devînt une liberté pratique.

La femme gauloise était environnée de respect; elle n'était pas indigne de l'exercice du sacerdoce; elle était comptée dans la famille; et, dans le patrimoine du mariage, elle avait tout ou rien, d'après l'événement, suivant sa survie ou son prédécès.

La femme du Germain a des droits restreints de collaboration. Ce n'est pas un droit de communauté encore, mais c'est un droit qui a bien des affinités avec lui.

Le christianisme et l'Eglise ont profité des tendances germaniques et celtiques, pour généraliser un contrat de société qui ne pouvait être qu'une exception dans le droit romain.

La communauté entre époux roturiers et la communauté entre époux nobles n'ont pas des origines distinctes. La communauté entre époux roturiers n'est pas une dérivation des anciennes sociétés tacites, des sociétés de *pain à pot ;* et aussi n'est-elle pas le résultat de la *codemeurance pendant l'an et jour*. La communauté entre époux nobles ne peut pas être réduite à un simple gain de survie, et elle n'est pas une altération d'une libéralité éventuelle. La communauté, sans distinction dans ses applications à la roture et à la noblesse, est due à l'amélioration progressive de la condition des femmes, à l'égalité de droits et de titres que le christianisme proclamait en rétablissant l'équilibre moral entre les deux sexes. L'égalité devant la loi était une conséquence naturelle de l'égalité devant Dieu. L'égalité des devoirs n'entraînait-elle pas l'égalité des droits ? Les lois canoniques consacrèrent bien vite, comme une juste suite de la *societas nuptiarum* le principe : « *Quæ lucrantur vir et uxor communiter obveniunt eis.* » La communauté s'écrivit, d'abord, dans les chartes du XIIe siècle et dans les *Assises de Jérusalem* ; elle s'écrivit, au XIIIe siècle, dans les *Etablissements de Saint-Louis* ; au XIVe siècle, elle devient le droit commun, elle prend place dans les coutumes et les domine. Loysel, au XVIe siècle, pourra dire : « *Et sont les* « *mariés communs en tous biens meubles et* « *et conquêts immeubles,* DU JOUR DE LEUR BÉ- « NÉDICTION NUPTIALE (livre Ier, titre II, » n° 111). »

Le christianisme a beaucoup fait, sans doute, pour la propagation du régime de la communauté; mais il ne l'a pas inventé, il en a trouvé les éléments dans la loi romaine et dans les tendances celtiques et germaniques; il ne l'a pas créé, il l'a comme agencé et popularisé (1).

Cette étude aura atteint notre but, si elle contribue à accréditer l'idée que notre législation n'est ni exclusivement gauloise, ni exclusivement romaine, ni exclusivement germanique; mais qu'elle dérive principalement

(1) Voir, sur cette question, un excellent travail d'un ancien élève de l'École des Chartes, M. Tardif. Nous l'avons, sur l'origine de la communauté, lu avec grand profit. Voir aussi M. Benech : *De l'Élément gallique et de l'Élément germanique dans le Code Napoléon* (Recueil de l'Académie de législation de Toulouse, tome II, p. 5-37).

de ces trois sources, à chacune desquelles elle a puisé, plus ou moins suivant les temps, en altérant la pureté de son produit.

Dans l'état de la science historique, nous ne pouvons pas être aussi romanistes, en matière de droit public, que l'abbé Dubos; en matière de droit civil, que Bretonnier (1656-1727) et le président Bouhier (1673-1746).

Nous ne devons pas pousser le germanisme, en droit public, aussi loin que le comte de Boulainvilliers et que Mably; en droit privé, que l'école allemande, aussi loin, par exemple, que Zœpfl et Kœnigswarter.

Il faut faire une part à l'élément gaulois, et ne pas rompre avec la tradition de Pithou (1543-1621), de La Thaumassière (1712), de Chabrit (1783), ravivée avec tant d'éclat par M. Laferrière.

Mais qu'importe la légitimité de la conclusion? En quoi profite-t-elle à l'enseignement du droit?

L'objection nie-t-elle que le jurisconsulte ait besoin de connaître l'origine des textes et leurs transformations? — C'est là, dira-t-on, l'objet de l'histoire interne. — Mais l'histoire externe n'est-elle pas la condition d'initiation à l'histoire interne?

On étudie, et on a raison, la loi des Douze-Tables, le système formulaire, l'Édit du préteur, les Instituts de Gaïus : pourquoi dédaignerait-on la loi salique, la loi des Ripuaires et toute la législation carlovingienne?

On insiste, et l'on dit : Pourquoi l'encadrement de considérations sociales et politiques? Parce que, si l'histoire des textes est inséparable du milieu dans lequel ils sont nés, se sont développés et transformés, l'histoire des sources est aussi inséparable des institutions politiques et de la condition des populations auxquelles elles ont été appliquées; parce que le droit civil et le droit public ont de telles relations, de telles intimités, qu'on ne saurait, sans les mutiler, essayer de les faire vivre d'une vie distincte et indépendante.

Je publie, à titre d'appendice, un chapitre du très-savant livre de l'abbé Dubos sur l'*Établissement de la Monarchie française*.

En cela, j'obéis à plus d'un motif. On a fait, de nos jours, en France, trop souvent honneur à M. de Savigny d'avoir, dans son *Histoire du Droit romain au Moyen Age*, démontré la perpétuité du droit romain dans la Gaule, depuis la chute de l'empire jusqu'à la renaissance des sciences et des lettres. M. Guizot lui-même (1), tout en jugeant avec sa haute impartialité l'œuvre de M. de Savigny et en ne dissimulant pas que l'erreur à laquelle le jurisconsulte allemand s'est attaqué,

(1) *Histoire de la Civilisation en France*, 1re part. 11e leç.

n'a peut-être pas été aussi générale ni aussi absolue qu'on le répète communément, n'a point rappelé les précédents de la science française. Il a, au moins dans la leçon consacrée à la permanence du droit romain, omis l'abbé Dubos. M. Lerminier, dans ses deux articles sur M. de Savigny, accorde à peine une mention au savant français que la loyale Allemagne n'a pas méconnu. Malgré ma profonde reconnaissance pour la science allemande, je tiens trop de compte de la tradition française pour ne pas attacher d'importance à l'un de nos meilleurs titres et pour ne pas le recommander aux jeunes générations entraînées vers l'étude du droit.

Augustin Thierry a déjà revendiqué pour l'abbé Dubos le mérite d'une initiative que nous semblons trop enclins à attribuer à nos voisins. Après avoir jugé l'œuvre de l'abbé Dubos, l'éminent historien ajoute : « Quoi qu'il en soit pour Dubos, nous lui « devons le premier exemple d'une attention « vive et patiente dirigée vers la partie ro- « maine de nos origines nationales. C'est lui

« qui a retiré du domaine de la simple tra-
« dition le grand fait de la persistance de
« l'ancienne société civile sous la domi-
« nation des barbares, et qui, pour la pre-
« mière fois, l'a fait entrer dans la science.
« On peut, sans exagération, dire que la
« belle doctrine de Savigny sur la perpétuité
« du droit romain se trouve en germe dans
« l'*Histoire critique de l'Établissement de*
« *la Monarchie française* (1). »

Un livre, dont Augustin Thierry a fait un tel éloge, est digne d'attention. L'ouvrage est long, et son volume effraie; mais sa lecture est profitable. Il conviendrait peut-être d'en détacher les chapitres qui se relient le plus à l'histoire de notre droit, et d'en composer un petit livre plus en rapport avec

(1) *Récits mérovingiens, Considérations sur l'Histoire de France,* chap. II. Voir aussi M. de Châteaubriand, préface des *Études historiques,* et M. de Pétigny, *Études sur l'Histoire, les Lois et les Institutions de l'Époque mérovingienne,* tome II, p. 598. Dubos est, je l'ai dit, le chef de l'école de *Romanistes,* et j'emploie ce mot, non dans le sens qu'il avait sous la plume de Huet et de Bayle, mais avec l'acception nouvelle qu'il a reçue dans la langue de nos modernes historiens du droit, et notamment de M. Laferrière.

le peu de temps que, dans notre parcimonie, nous réservons aux connaissances qui ne sont pas d'une application immédiate et absolument directe. Le chapitre dont j'enrichis mon *Introduction*, en même temps qu'il justifie l'imposant témoignage d'Augustin Thierry, peut donner une idée du style et de la manière de l'abbé Dubos. L'auteur est un de ceux qui ont pensé que le moyen le plus sûr d'intéresser au passé, c'était de le rapprocher du présent. Il a suivi une méthode à laquelle son exemple donnera, je l'espère, une part d'autorité.

APPENDICE

HISTOIRE CRITIQUE
DE L'ÉTABLISSEMENT
DE
LA MONARCHIE FRANÇAISE

Par l'Abbé DUBOS.

CHAPITRE IX (Livre VI).

Que, sous la domination des rois mérovingiens, les Romains des Gaules vivaient selon le droit romain, et que chacun d'eux y était demeuré en possession de son état. Des inconvénients qui résultaient de la diversité de lois, suivant lesquelles vivaient les sujets de la monarchie.

Une des meilleures preuves qu'on puisse alléguer pour faire voir que le souverain qui s'est rendu maître d'un pays n'y a point dégradé les anciens habitants, c'est de montrer qu'il les a laissé vivre suivant la loi de leurs ancêtres, et qu'il a laissé subsister parmi eux la différence entre les états et les conditions, qui avait lieu avant qu'ils fussent sous son obéissance. Or, nous allons voir que les rois mérovingiens ont laissé vivre les Romains des Gaules suivant leurs anciennes lois et suivant les usages de leurs pères ; nous allons voir que les Romains des Gaules ont continué d'être divisés en trois ordres sous le règne de la première race, ainsi qu'ils l'étaient auparavant.

Le privilége de se gouverner sous un nouveau souverain, suivant des lois qu'il n'a point faites et qui sont plus anciennes dans le pays que sa domination, est si considérable, que les villes grecques à qui les Romains l'avaient accordé, en faisaient mention dans la légende des monnaies qu'elles frappaient : elles s'y glorifient de leur *autonomie*. C'est le nom qu'on donnait en grec au privilége dont il est ici question. Au contraire, l'on convient que le joug le plus dur que les Turcs aient imposé à la nation grecque, qu'ils ont réduite véritablement dans un état approchant de l'esclavage, c'est d'avoir soumis les particuliers de cette nation qui ont des procès les uns contre les autres, au jugement des cadis et des autres officiers du Grand Seigneur, qui rendent leurs arrêts arbitrairement et sans être astreints, en aucune manière, à se conformer, en les prononçant, ni aux basiliques, ni aux autres lois suivant lesquelles vivaient les habifants de la Grèce, avant qu'elle eût été asservie par les Ottomans. Or, les ordonnances de nos rois des deux premières races font foi que leurs sujets de la nation romaine vivaient et qu'ils étaient jugés suivant le droit romain. Cette vérité est encore confirmée par plusieurs faits attestés par des auteurs contemporains.

En rapportant différents articles des lois nationales des habitants des Gaules, qui montrent que chaque nation y était jugée suivant le Code qui lui était propre, et le serment par lequel nos rois promettaient, à leur inauguration, que la justice serait rendue à chaque nation suivant sa loi particulière, nous avons déjà prouvé que la justice devait être rendue aux Romains, qui étaient une de ces nations suivant le droit romain. Mais, outre cette preuve générale, nous en avons de plus particulières.

Vers l'an 500, Clotaire, fils de Clovis, qui, après avoir réuni à son premier partage, les partages de ses frères, était souverain de toute la monarchie française, publia un édit que nous avons encore, pour maintenir dans son royaume la justice et pour y entretenir le bon ordre entre les différentes nations qui l'habitaient. Il est dit dans le préambule de cette ordonnance (1) : « *Clotaire, roi des Francs, à tous*

(1) *Clodacharius, rex Francorum, omnibus agentibus.* Usus est clementiæ principalis, necessitatem provincialium, vel subjectorum sibi omnium populorum provida solicitus mente trac-

« *nos officiers*. Rien n'étant plus convenable à nos « bonnes intentions que de pourvoir en même temps « aux besoins des anciens habitants de nos provinces « et à ceux de toutes les nations dont nous sommes « souverains, que de publier à cet effet un édit qui « continue, sous différents titres, les règlements né« cessaires pour assurer la tranquillité de chacun de « nos sujets, nous avons ordonné et nous ordonnons « par ces présentes, etc. »

On a déjà remarqué que le terme de *provinciales*, qui se trouve dans le texte latin de l'édit de Clotaire, était le terme propre par lequel les empereurs désignaient les Romains habitants dans les provinces de la monarchie. Voilà pourquoi nous l'avons rendu relativement aux barbares établis dans les Gaules par le terme *d'anciens habitants*.

Dans le quatrième article de cet édit, il est ainsi statué (1) : « Toutes les contestations que les Romains « auront les uns avec les autres, seront décidées sui« vant le droit romain. » Enfin, le dernier article de cette ordonnance porte (2) : « Tous nos juges auront

tare, et quæ pro quiete eorum juste sunt observanda, indicta in titulis constitutione conscribere. (*Chlot. regis Constitutio generalis*, *Bal.*, *Cap.*, t. I, p. 7.)

(1) Inter Romanos negotia causarum romanis legibus præcipimus terminari. (*Ib.*, art. 4.)

(2) Provideat ergo strenuitas universorum judicum ut præceptionem hanc sub omni observatione custodiant, nec quidquam aliud agere aut judicare quam ut hæc præceptio secundum legum romanarum seriem continet, vel secus quam

« soin de garder et de faire garder la présente cons-
« titution. Ils ne rendront aucune sentence, et, sous
« quelque prétexte que ce soit, ils n'ordonneront rien
« qui donne atteinte à ce qu'elle statue concernant
« le droit romain, ni qui soit contraire aux usages
« pratiqués depuis longtemps parmi ceux de nos
« autres sujets, qui vivent suivant leurs anciennes
« lois nationales. »

Un des ouvrages les plus précieux de ceux qui ont été composés sous la première race et qui sont venus jusqu'à nous, c'est le recueil des formules pour les actes judiciaires alors en usage, et qui a été compilé par Marculphe, auteur qui vivait dans le VIIe siècle, et qu'on croit avec fondement avoir été un des officiers de la chancellerie des rois mérovingiens. On trouve donc dans ce recueil des modèles de tous les instruments qui se rédigeaient alors pour être les monuments authentiques et durables des affranchissements, des mariages, des donations, des collations d'emploi ; en un mot, de tous les actes et contrats qui se font dans la société civile. Si plusieurs de ces formules sont dressées suivant les lois nationales des barbares établis dans les Gaules, il y en a d'autres qui sont dressées suivant le droit romain. On voit, dans plusieurs de ces modèles, qu'ils sont faits *ut lex romana*

quarumdem gentium populus juxta antiqui juris constitutionem olim vixisse dinoscitur, sub aliquâ temeritate præsumant (*Ibid.*, *art.* 13 *et not. Bal.*, p. 986, t. II).

rdocet, que le pacte dont ils sont le monument est contracté conformément au droit romain : *Te secundùm legem Romanorum sponsatam.*

Il est dit, dans la dixième formule du livre second, et qui est le modèle de l'acte par lequel un aïeul appelle à sa succession ses petits-fils, enfants de sa fille prédécédée (1) : « La loi romaine veut que toutes les « dispositions que fait un père concernant ses enfants « et ses petits-enfants soient accomplies, c'est pour- « quoi, etc. »

Dans la dix-septième formule du même livre, laquelle contient le modèle d'un acte où l'on rédigeait à la fois le testament de deux personnes différentes, on lit (2) : *En un tel lieu, une telle année, sous le* « *règne d'un tel, et un tel jour*, moi *un tel* et ma « femme *une telle*, sains d'esprit et jouissant d'une « pleine raison, nous avons, réfléchissant sur les « accidents de la vie, fait notre testament, que nous

(1) *Epistola cum in loco filiorum nepotes instituuntur ab avo......* Quidquid filiis vel nepotibus de facultate pater cognoscitur ordinasse, voluntatem ejus in omnibus lex romana constringit adimplere, ideoque in Dei nomine, etc. (*Bal.*, t. II, p. 411).

(2) Regnante in perpetuo Domino nostro Jesu-Christo, *loco illo*, *anno illo*, regnante *illo* rege, sub die *illo*, ego *ille* et conjux mea *illa*, sana mente integroque consilio, metuentes casus humanæ fragilitatis, testamentum nostrum condidimus quem *illi* notario, scribendum commisimus, ut quomodo dies legitimus post transitum nostrum advenerit, recognitis sigillis, inciso lino, ut romanæ legis decrevit autoritas (*Ibid.*, p. 415).

« avons dicté à *un tel*, notaire, afin que, lorsqu'après « notre trépas, le jour sera venu, où, suivant la loi « romaine, cet acte de notre dernière volonté devra « être ouvert et enregistré, etc. »

Mais comme le recueil de Marculphe, enrichi de savantes observations, est entre les mains de tout le monde, j'y renvoie le lecteur, après avoir rapporté néanmoins l'extrait d'une autre formule, qui confirme si expressément tout ce que nous avons avancé déjà, que je ne puis me dispenser de le donner encore ici. Cette formule est le modèle des provisions que le prince donnait aux patrices, aux ducs et aux comtes, qui, comme nous l'avons observé déjà, en rapportant un endroit de cet acte dont nous allons donner encore ici un extrait, exerçaient à la fois, sous Clovis et sous ses successeurs, les fonctions d'officier militaire et celles de magistrat, au lieu que, sous les empereurs chrétiens, elles avaient été exercées par des officiers différents. Il est donc énoncé dans le préambule de cette formule, qu'il ne faut confier les dignités auxquelles l'administration de la justice est attribuée spécialement, qu'à des personnages d'une capacité et d'un courage éprouvés (1) ; après quoi, le collateur s'a-

(1) *Charta de ducatu, patriciatu* vel *comitatu.* Nec facile convenit cuilibet judiciariam committere dignitatem, nisi prius fides et strenuitas videatur esse probata. Ergo, dum fidem et utilitatem tuam videmur habere compertam, ideo tibi actionem *ducatus, comitatus*, vel *patriciatus* in pago *illo* quem tuus antecessor usque adhùc videtur egisse, tibi ad agendum

dressant au pourvu, il lui dit : « Ayant donc une « suffisante connaissance de vos grandes et bonnes « qualités, nous vous avons pourvu de l'emploi *de « duc*, de celui *de patrice* ou *de comte* dans *un tel « district*, à condition que vous nous garderez une « fidélité inviolable, que vous maintiendrez en paix, « par votre bonne conduite, les Francs, les Romains, « les Bourguignons, ainsi que nos sujets citoyens de « toutes les autres nations qui composent le peuple de « votre district, et que vous rendrez la justice à cha- « cun d'eux suivant la loi et les coutumes de la na- « tion dont il se trouvera être citoyen. »

On a encore, outre les formules de Marculphe, plusieurs autres formules des actes tels qu'ils se dressaient dans notre monarchie sous les rois mérovingiens, lesquels ont été recueillies par les savants du dernier siècle, et qui sont rédigées suivant le droit romain. On en trouve un grand nombre dans le second volume des capitulaires de M. Baluze et dans les ouvrages de Dom Jean Mabillon. Dom Thierri Ruinart en a fait réimprimer quelques-unes à la fin de son édition des œuvres de Grégoire de Tours, et l'on y voit que ceux qui parlent dans ces formules

regendumque commisimus, itá ut semper erga regimine nostro fidem inlibatam custodias et omnis populus ibidem commorantes; tum Franci, Romani, Burgundiones, quam reliquas nationes sub tuo regimine et gubernatione degant et moderentur, et eos recto tramite secundum legem et consuetudinem eorum regas, viduis et pupillis, etc. (*Ibid.*, p. 380, *form. octav.*, *Marcul.*, lib. 1).

disent souvent qu'ils font telle et telle disposition suivant le droit romain.

(1) Enfin, les capitulaires des rois de la seconde race renvoient, en plusieurs cas, à la loi romaine.

Rapportons présentement quelques faits qui se trouvent dans notre histoire et qui prouvent encore que, sous les rois mérovingiens, les Romains des Gaules vivaient suivant le droit romain; quoique, après ce qu'on vient de lire, une pareille preuve puisse paraître surabondante. Grégoire de Tours dit, en parlant de la mort de Saint-Nizier, évêque de Lyon, décédé en 573 : « Dès que le temps au bout duquel « la loi romaine ordonne que l'acte qui contient la « dernière volonté d'un défunt soit rendu public, se « fut écoulé, le testament de notre prélat fut porté au « lieu où se rendait la justice et remis au magistrat « qui l'ouvrit et qui le lut devant un grand nombre « d'assistants (2). »

On trouve ce qui suit dans l'histoire de Dagobert Ier, écrite par un auteur contemporain de ce prince (3) : « La treizième année du règne de Dago-

(1) Ut juxta legem romanam hæc corrigantur (*Cap.* Bal., t. I, p. 1202).

(2) Post dies autem quo lex romana sancivit ut defuncti cujuspiam voluntas publicè relegatur, hujus antistitis testamentum inforo delatum, turbis circumstantibus, à judice reseratum recitatumque est (De *vitis Patrum*, cap. v).

(3) Anno decimo tertio regni sui, cum Sandregesilus, dux Aquitanorum, à quibusdam hominibus interfectus esset.....

« bert, Sandrégésilus, qui exerçait en Aquitaine « l'emploi de duc, fut tué par des assassins. J'ai « déjà dit, dans le sixième chapitre de mon histoire, « que Dagobert, lorsqu'il était encore fort jeune, « avait conçu tant d'indignation du mépris que San- « drégésilus lui laissait apercevoir, que ce prince « l'avait fait battre à coups de fouet et qu'il lui avait « fait couper la barbe. J'ai même raconté que Dago- « bert, pour se dérober au ressentiment du roi Clo- « taire, son père, qui avait beaucoup d'affection pour « Sandrégésilus, s'était réfugié dans l'église de « Saint-Denis. Ainsi, les enfants du mort, qui étaient « élevés à la cour de Dagobert, ne crurent point « devoir se donner beaucoup de peine pour venger « la mort de leur père, ce qu'il ne leur aurait pas été « difficile de faire. Mais, à quelque temps de là, ils « furent cités en justice et poursuivis pour cause de « cette négligence. Les grands de l'Etat se décla- « rèrent leurs parties, et ils les firent condamner, « suivant le droit romain, à être dépouillés de la

De quo suprà mentionem fecimus, quod propter contemptum sui cum flagellis affici et barbæ tonsione deturpari in sua infantia Dagobertus jusserit, et ob hoc patrem metuens sanctorum martyrum tutelam expetierit. Cum haberet ipse Sandregesilus filios in palatio educatos, qui, cum facillimè possent mortem patris evindicare, noluerant. Propterea, secundùm legem romanam à regni proceribus redarguti, omnes possessiones paternas perdiderunt. Cumque ea omnia ad regalem fiscum fuissent relata, etc. (*Gesta Dagoberti*, cap. xxxv, Du Ches., tome I).

« succession de leur père, qui fut consignée au « profit du roi. »

Je pourrais alléguer bien d'autres exemples, mais je me contenterai de dire que nous avons encore un testament fait suivant les lois romaines par des citoyens romains, sujets de nos rois mérovingiens. C'est celui d'Arédius (1) et de Placidia, dicté l'onzième année du règne de Sigisbert, petit-fils de Clovis, et que Dom Thierri Ruinart a fait imprimer dans son édition des œuvres de Grégoire de Tours, après l'avoir transcrit sur l'original qui se conserve encore dans les archives de l'église de St-Martin de Tours, à laquelle il est fait des legs considérables par cet acte.

Quel était, demandera-t-on, le corps du droit romain qu'on suivait dans les Gaules, sous le règne de Clovis et sous celui de ses premiers successeurs ? Certainement ce n'était point le Digeste et le Code de Justinien. Les empereurs n'avaient plus aucun pouvoir dans les Gaules quand ce prince publia sa rédaction du droit romain, qui, dans tous les pays où ce droit a force de loi aujourd'hui, ainsi que dans ceux où il n'est pour ainsi dire que consulté, est

(1) Sub die pridie Kal. nov., anno undecimo regni Domini nostri Sigiberti regis, ego Aredius Presbiter et Placidia, sana mente... Quod testamentum nostrum, si casu jure civili aut prætorio, aut cujuslibet legis novellæ constitutione, vel veteris, valere non poterit, ad vicem codicillorum et omnium scripturarum quæ firmitati consistant, valere jubemus, etc. (*Opera Greg. Tur.*, éd. Ruinartii, p. 1308).

regardé comme la rédaction authentique du droit romain. Ce n'a été que sous la troisième race que la rédaction de Justinien a été connue dans les Gaules, et qu'on l'y a substituée à celle dont on s'était servi dans les temps antérieurs et qui n'était point aussi parfaite. Quelle était donc la rédaction des lois romaines qui pouvait être en usage dans les Gaules sous les rois mérovingiens?

Lorsque Clovis se rendit maître de la partie des Gaules renfermée entre la Loire, l'Océan et le Rhin, les habitants de ces provinces avaient, pour tables de leur loi, le Code que Théodose-le-Jeune, empereur des Romains d'Orient, avait publié en 435, et qui avait été reçu dans le partage d'Occident, avant que cet empereur eût été renversé. Mais lorsque Clovis soumit à son obéissance celle des provinces des Gaules dont il chassa les Wisigoths, il y trouva en usage le Code d'Anian ou le Code du droit romain qu'Alaric II avait, en 505, fait rédiger par les plus notables jurisconsultes de ses Etats, pour régir ses sujets de la nation romaine. Ainsi, je crois que, du temps de Clovis et de ses successeurs, on se sera servi du Code d'Alaric dans les provinces de la monarchie française qui étaient sous l'obéissance d'Alaric II lorsqu'il publia ce Code, et que, dans les autres provinces de la monarchie française, dans celles qui sont au nord de la Loire, on aura continué à se servir du Code théodosien. Il est certain du moins que, sous nos rois mérovingiens, le Code de Théodose était encore en vigueur dans une grande partie des Gaules. Voici ce qu'on trouve dans Grégoire de Tours au sujet d'Andarchius, qui avait fait une très-grande fortune sous le règne de Sigisbert, petit-fils de Clovis: « Avant que de parler d'An-« darchius, je dois dire un mot de sa condition et de « sa fortune. On prétend qu'il avait été esclave du « sénateur Félix, et qu'ayant été pour lors destiné à « servir dans les emplois domestiques, on l'avait fait « élever auprès de son maître encore enfant, et qu'on « l'avait fait étudier avec lui. Quoi qu'il en soit, « Andarchius avait bien profité de l'éducation qu'on « lui avait donnée; il avait une profonde connais-« sance de la science des nombres; il savait les « poëtes, et il entendait très-bien tous les livres du « Code théodosien (1). »

M. Baluze rapporte encore une ancienne formule dressée sous nos rois (2), comme on le voit, parce qu'il y est fait mention du *Mallum*, et la personne qui parle dans cette formule y dit, pour énoncer qu'elle entend agir suivant le droit romain, qu'elle entend agir conformément à celle des sanctions de la loi *Mondaine* qui compose le corps du code théodosien.

(1) Nam de operibus Virgilii, legis theodosianæ libris arteque calculi ad plene eruditus est (Grég. Tur. *Hist.*, lib. IV, cap. XLVII).

(2) Ut lex Mundana Theodosio corpore arbitrata decernit. (*Cap. Baluz.*, tome II, p. 566).

Est-il arrivé, dans la suite, que le Code d'Alaric ait été, comme plus commode par bien des raisons, substitué, dans quelques provinces situées à la droite de la Loire, au Code théodosien? Est-ce pour cela que le Code d'Alaric se trouve compris au nombre des différents Codes dont la loi *Mondaine* était composée, et cela dans des exemplaires de la loi *Mondaine* écrits sous la seconde race et, à ce qu'il paraît, destinés à l'usage de cités qui ne furent jamais sous la domination des Wisigoths? Que d'autres le décident : peut-être le Code d'Alaric tenait-il lieu d'une interprétation propre à servir de glose au Code théodosien en quelques occasions.

La première réflexion qu'on puisse faire après avoir lu et même en lisant ce que nous venons d'écrire concernant la condition des sujets dans le royaume des Francs, c'est de penser que sa première conformation était très-vicieuse. La diversité des Codes suivant lesquels il fallait rendre la justice, en devait bien embarrasser et retarder l'administration. J'en tombe d'accord, et je crois même que cette multiplicité de Codes était encore un plus grand fléau pour la société que ne l'est aujourd'hui la diversité des coutumes qui ont force de loi dans plusieurs provinces du royaume de France. On ne sera point surpris de cet aveu, puisque j'ai fait profession partout de n'être point du nombre des auteurs qui se préviennent tellement en faveur de l'ordre politique établi dans les Etats dont ils donnent des relations ou dont ils écrivent l'histoire, qu'ils admirent et qu'ils veulent faire admirer la constitution de ces Etats-là comme un chef-d'œuvre de la prudence humaine. J'avoue donc que le premier plan de la monarchie française a été très-vicieux, et que, pour l'intérêt du souverain et pour le bien des peuples, il aurait dû être disposé tout autrement. J'avouerai encore que si quelque chose peut surprendre un homme qui réfléchit sur l'histoire des rois mérovingiens, ce n'est point que leur monarchie soit devenue sujette, environ cent cinquante ans après sa fondation, à des troubles presque continuels, et, s'il est permis d'user ici de cette figure, qu'elle ait ressenti toutes les infirmités de la vieillesse précisément quand elle était dans son âge viril, dans l'âge où, suivant le progrès ordinaire que font les monarchies naissantes, elle devait se trouver en sa plus grande vigueur. Ce qui m'étonne donc, c'est que, le corps de notre monarchie étant aussi mal conformé qu'il l'était, elle ait pu résister à tous ses maux. En effet, la multiplicité des lois nationales n'était pas le seul, ni même le plus grand défaut, qui se trouvât dans la constitution de la monarchie française. Pour ne point parler des autres, la divisibilité de la couronne était un vice de conformation bien plus grand encore que la multiplicité des Codes suivant lesquels il fallait rendre la justice. Clovis, ses premiers successeurs et leurs conseils, auront bien aperçu tous ces défauts, ils en auront vu les conséquences, et ils auront voulu y apporter du remède; mais il leur aura été impossible de les corriger. Par exemple, lorsque Clovis mourut, il était établi depuis si longtemps parmi les Francs que tous les fils du roi mort devaient partager entre eux ses États, que ce prince n'aura osé faire les dispositions nécessaires pour rendre sa couronne indivisible: peut-être n'y pensa-t-il point.

Ainsi, les fondateurs de notre monarchie n'auront point fait ce que la prudence politique demandait qu'ils fissent, mais ce qu'il leur était possible de faire. Ces princes, par exemple, afin de réunir plus tôt à la couronne une province qui allait leur échapper, s'ils manquaient à profiter de la conjoncture présente, ou bien pour se faire reconnaître plus aisément par une tribu ou par une nation qui pouvait se donner à un autre souverain, auront été obligés d'accorder à cette province, à cette tribu, de pouvoir continuer à vivre selon leur loi et leurs coutumes.

Voilà ce qui aura donné lieu d'abord à la multiplicité des Codes dans la monarchie. Dès qu'une fois cet usage y aura été autorisé, il aura fallu que, dans la même cité, on rendît la justice, non-seulement suivant deux différentes lois, mais suivant trois, suivant quatre et même suivant cinq lois différentes. Le nombre des Codes se multipliait à mesure qu'il survenait dans cette cité quelque essaim d'une nation, autre que celle qui déjà y habitait. Il aura donc été nécessaire d'y administrer la justice, suivant le droit romain, suivant la loi Gombette, suivant la loi salique, suivant la loi ripuaire, suivant la loi des Saxons et suivant celle des Bavarois, parce que l'usage d'y rendre la justice à chacun, suivant le Code de sa nation, était devenu une loi essentielle du droit public de la monarchie, et parce qu'il sera survenu, de temps en temps, dans la cité dont je parle, quelque essaim de tous ces peuples.

Enfin, Clovis, qu'on peut regarder, en quelque manière, comme le premier fondateur de la monarchie française, étant mort à quarante-cinq ans, il n'a pas eu le loisir de corriger les défauts de sa monarchie. Quand on a lu l'histoire de ses successeurs, on n'est point tenté de demander pourquoi ils ne les ont point corrigés. Outre qu'ils n'avaient point cette autorité qu'a toujours un premier fondateur ou instituteur de toute société, ils ne furent jamais assez unis pour former de concert un projet semblable, et ce projet ne pouvait guère s'exécuter par aucun d'eux en particulier.

Après tout, cette diversité de Codes pouvait bien retarder la justice, mais elle n'était point un obstacle tel qu'il dût empêcher qu'elle ne fût rendue à la fin. En premier lieu, les procédures, tant en matière civile qu'en matière criminelle, se faisaient alors bien plus sommairement qu'aujourd'hui. C'étaient (1) les parties qui défendaient leurs droits elles-mêmes.

(1) Ut nemo in placitis pro alio rationare usum habeat... Sed unusquisque pro sua causa, vel censu, vel debito, rationem reddat, etc. (*Cap.*, ann. 802, art. 9, Baluz, tome Ier, p. 365.)

Elles n'étaient pas reçues à plaider par avocat ni par procureur. Il paraît encore qu'avant Charlemagne (1), plusieurs des juges, du moins, ne délivraient point par écrit les sentences qu'ils avaient rendues.

En second lieu, les inconvénients qui pouvaient naître de la multitude des Codes, ne se faisaient pas sentir dans les procès entre les personnes d'une même nation, et, suivant l'apparence, ces sortes de procès faisaient le plus grand nombre des causes que les juges avaient à décider. Quant aux procès entre personnes de diverses nations, le demandeur devait, en vertu du droit naturel, poursuivre ses prétentions suivant la loi à laquelle sa partie était soumise et devant le tribunal dont elle était justiciable. Bientôt même, comme on a pu le remarquer et comme je l'exposerai incessamment, il y eut des tribunaux mi-partis ou composés de juges de différentes nations, ce qui prévenait tout conflit de juridiction, parce que ces tribunaux se trouvaient être des cours de justice compétentes pour juger tous les particuliers, de quelque nation qu'ils fussent.

En troisième lieu, il y avait, dans chaque cité, un officier dont l'autorité s'étendait également sur tous les tribunaux nationaux, et qui pouvait, en cas de conflit de juridiction, ou décider l'affaire par lui-même ou la renvoyer devant le tribunal compétent. C'est ce

(1) Carolus congregavit duces, comites et reliquum populum christianum... ut judices per scriptum judicarent. (*Chr. Moiss.* Du Ches., t. III, p. 144.)

qui paraît, en lisant la formule des provisions des ducs, des comtes nommés par nos rois pour gouverner dans un certain département ou simplement dans une cité. Il est dit, dans cette formule dont nous avons déjà fait mention plus d'une fois : « Vous « nous garderez une fidélité inviolable, et vous main- « tiendrez en paix, par votre bonne conduite, les « Francs, les Romains, les Bourguignons et les ci- « toyens de toutes les autres nations qui com- « posent le peuple de votre district ; et vous ren- « drez justice à chacun d'eux, suivant les lois et la « coutume de la nation dont il se trouvera être ci- « toyen. »

Enfin, le trône du roi était un tribunal toujours ouvert à ceux qui voulaient demander justice au prince lui-même, ce qui devait bien abréger les procès les plus épineux. Nos rois exerçaient en personne toutes les fonctions de premiers magistrats de leur monarchie. On vient de voir, par exemple, que c'était au roi lui-même à donner force de loi aux testaments. Non-seulement, ces monarques jugeaient eux-mêmes les Francs, c'est ce que nous avons vu, mais ils jugeaient encore les Romains leurs sujets. Il y a plusieurs exemples de pareils jugements dans cet ouvrage ; néanmoins j'en insérerai deux ici. Il y avait, dans la cité de Tours, une famille romaine appelée *Injuriosa ;* il en sortit même, durant le VIe siècle, un évêque de ce diocèse, et c'est à son occasion que l'*Histoire ecclésiastique des Francs* (1) nous instruit de la condition de cette famille, et qu'il nous apprend qu'elle n'était que du troisième ordre. « Injuriosus, » dit-il, « était né libre, quoiqu'il « fût du dernier ou troisième ordre de citoyens. » Dans cette même histoire, il est rapporté qu'un autre Injuriosus, aussi citoyen de Tours, et qui avait été vicaire ou lieutenant d'un comte de cette cité, fut accusé d'avoir assassiné un Juif. Nous raconterons les circonstances de ce meurtre, quand nous aurons à parler de la manière dont se faisait, sous les successeurs de Clovis, l'imposition et le recouvrement des deniers royaux (2). Or, ce fut à comparaître devant la personne du roi Childebert qu'Injuriosus fut cité, et il comparut, le jour auquel il avait été assigné, dans le palais où ce prince se trouvait actuellement; mais les accusateurs ne s'étant point présentés, ni ce jour-là, ni les deux jours suivants, pour former leurs demandes et fournir leurs preuves, l'accusé fut renvoyé absous.

(1) Quintus Decimus Injuriosus, civis turonicus, de inferioribus quidem populi, ingenuis tamen (Greg.Tur., *Hist.*, lib. x, cap. xxxi).

(2) Sed nec hoc his adquiescentibus placitum in regis Childeberti præsentia posuerunt... Injuriosus tamen ad placitum in conspectu regis Childeberti advenit, et per triduum usque ad occasum solis observavit. Sed cum hi non venissent, neque de hâc causâ ab ullo interpellatus fuisset, rediit ad propria (Gr. Tur., *Hist.*, lib. vii, cap. xxiii).

(1) Andarchius, prétendant qu'Ursus lui eût promis sa fille en mariage, ce qu'Ursus niait d'avoir fait, la cause fut portée devant le roi. On voit suffisamment, par le nom que portait l'une ou l'autre partie, qu'elles étaient de la nation romaine.

Est-il possible, dira-t-on encore, que le Franc obligé à plaider contre un Romain devant un tribunal romain, ou que le Romain qui poursuivait un Franc devant un tribunal franc, trouvassent de la neutralité dans ces tribunaux?

Je crois que les liaisons qui sont entre les citoyens d'une même nation, lorsqu'elle habite pêle-mêle avec d'autres nations, auront souvent fait prévariquer les tribunaux nationaux; mais je suis aussi persuadé que souvent les comtes et les autres officiers supérieurs, dont l'autorité s'étendait sur les citoyens de toutes les nations domiciliées dans une cité, auront réussi à l'empêcher. D'ailleurs, on sait bien qu'alors la décision des questions litigieuses était une fonction municipale, commune à tous les citoyens qui s'en acquittaient chacun à son tour. Les lois n'avaient point encore été commentées par des hommes qui emploient tout leur esprit à y trouver un sens opposé à celui qui se présente d'abord; et ces lois s'expliquaient ainsi sans peine à tous les cas portés devant les tribunaux. On n'avait point encore imaginé d'ériger en charges perpétuelles et lucratives l'emploi de rendre

(1) Andarchius expetiit Ursum in præsentiam regis accessire (*ibid.*, *Hist.*, lib. IV, cap. XLI).

la justice et d'exclure de la fonction de la rendre tous les citoyens qui ne seraient pas revêtus de quelqu'une de ces charges, non plus que d'interdire aux juges toute autre profession que celle de juger. En un mot, on n'avait pas fait encore de la dispensation des lois un *second encensoir*, en défendant aux profanes, à ceux qui n'auront point été initiés aux mystères de Thémis, d'y mettre jamais la main. Enfin, nos juges du ve siècle n'avaient point d'intérêt à faire durer les procès.

L'usage était encore, parmi les Romains, lorsque notre monarchie fut établie, que l'officier du prince qui présidait (1) à un tribunal, choisit par lui-même, dans un certain ordre de citoyens, ses assesseurs ou ceux qui devaient juger avec lui. Les barbares auront suivi, selon l'apparence, cet usage si simple et si naturel. Ainsi, comme le comte avait également inspection sur tous les tribunaux nationaux, comme il y présidait, soit par lui-même, soit par son vicaire, il aura pu, dans tous les temps, introduire quelque juge franc dans les tribunaux romains, lorsqu'on y devait juger la cause d'un Franc, et il aura pu, de même, introduire des juges romains dans le *Mallum*, lorsqu'on y devait juger la cause d'un Romain. Voilà ce qui se sera passé dans les temps qui ont suivi immédiatement celui de l'établissement des nations barbares dans les Gaules. On y aura donc pratiqué, dans

(1) Det operam judex ut prætorium suum ipse componat *Codex Theod.*, lib I, tit. I).

ces premiers temps, à peu près ce qui se pratique encore aujourd'hui en Angleterre dans le jugement d'un procès criminel fait à un étranger : on lui accorde que la moitié des jurés ou de ceux de ses juges qui doivent le déclarer innocent ou coupable du fait dont il est accusé, soit tirée de personnes de sa propre nation.

L'utilité de cet usage ayant été reconnue, elle aura donné lieu à l'établissement des tribunaux mi-partis, dont nous avons déjà dit quelque chose, mais dont nous allons parler encore. Il paraît clairement, en lisant les passages qui ont été rapportés et ceux qui vont l'être, que, dans les tribunaux dont il s'agit, on rendait la justice suivant des Codes différents, afin qu'elle y pût être rendue à chaque sujet conformément à sa propre loi. Les chambres mi-parties ont toujours eu la réputation de rendre la justice encore plus également que les autres tribunaux. En quel temps nos rois ont-ils établi ces tribunaux composés de Romains et de barbares de différentes nations? Je l'ignore, et même je ne nierai pas qu'ils ne fussent presque aussi anciens, du moins dans plusieurs cités, que leur réunion à notre monarchie.

Nous avons déjà observé plusieurs fois que, dans le cas où les monuments littéraires de nos antiquités ne nous apprennent point assez distinctement ce qui se pratiquait en certaine occasion dans la monarchie française, la raison voulait que nous jugeassions de l'usage qui s'y observait en ce cas-là par l'usage observé en même cas dans les royaumes que les Goths et les autres barbares avaient établis, durant le ve siècle, sur le territoire de l'empire d'Occident. Or, nous allons voir que la précaution que Théodoric, roi des Ostrogoths, avait prise pour empêcher que, dans les procès entre personnes de différentes nations, les parties eussent à souffrir de la prédilection des juges de leur propre nation, revient à peu près à l'expédient dont nous avons imaginé qu'on pouvait se servir alors dans le royaume des Francs. Voici le contenu de la formule des lettres que ce prince adressait aux Romains d'une de ses provinces, lorsqu'il y envoyait un Ostrogoth pour y administrer la justice aux Ostrogoths qui s'y trouvaient établis.

« (1) Etant informé que, par un effet de la Pro-
« vidence, plusieurs Ostrogoths se trouvent domi-
« ciliés dans votre district, nous avons cru néces-
« saire d'y envoyer *un tel* en qualité de comte. C'est

(1) Cum, Deo juvante, sciamus Gothos vobiscum habitare permixtos, ne qua inter consortes, ut assolet, indisciplinatio nasceretur, necessarium duximus *illum*, sublimem virum, nobis hactenùs bonis moribus comprobatum, ad vos comitem destinare, qui secundùm edicta nostra inter duos Gothos lites debeat amputare. Si quod etiam fortasse inter Gothum et Romanum fuerit negotium, adhibito sibi prudente Romano certamen possit æquabili ratione discingere. Inter duos autem Romanos, Romani audiant quos per provincias dirigimus cognitores ut unicuique sua jura serventur et sub diversitate judicum una justitia complectatur universos, et divinitate propitia dulci otio perfruantur. (Cassiod., Var., lib. vi, form. 30.)

« un sujet dont le bon caractère nous est connu et « qui, conformément à nos édits, prononcera sommairement sur toutes les contestations qui surviendront entre un Ostrogoth et un Ostrogoth. « Pour celles qui pourront naître entre un Ostrogoth « et un Romain, il ne les décidera qu'en prenant « pour second juge un Romain, homme sage et prudent. Quant aux procès où les deux parties seront « des Romains, ces procès seront terminés à l'ordinaire par les officiers romains que nous avons « départis dans nos provinces. Aussi, chacun jouira « de ses droits et privilèges, et les tribunaux, bien « que composés de juges de nations différentes, « suivront unanimement, en rendant leurs sentences, « les maximes de la justice. Il nous a paru que « c'était là le moyen le plus certain de faire vivre « les Ostrogoths et les Romains en bonne intelli« gence. »

On se doute bien que, comme le comte ostrogoth prenait des Ostrogoths pour assesseurs lorsque son tribunal devenait une chambre mi-partie, de même le Romain que le comte avait choisi pour second juge, se faisait assister par des assesseurs romains. Les successeurs de Théodoric observèrent la maxime de gouvernement que ce prince avait suivie. Voici ce qu'écrit Athalaric concernant le sujet dont il s'agit dans une lettre adressée à Gildas, un Ostrogoth qui exerçait à Syracuse l'emploi de comte:

« (1) On vous accuse de vouloir contraindre « deux Romains qui sont en procès l'un contre « l'autre à s'en tenir à votre décision. Si le fait est « vrai, n'entreprenez plus rien de semblable, et ne « vous rendez pas coupable par un désir inconsidéré « de faire régner la justice. Ne troublez pas les ma- « gistrats ordinaires dans les fonctions de leur minis- « tère, et, vous contentant de prêter main forte à « la justice, laissez plaider les Romains devant les « tribunaux romains. »

Pourquoi nos rois n'auraient-ils pas eu à cœur de faire rendre une bonne et brève justice à leurs sujets, autant que l'avait le Théodoric dont nous parlons? Pourquoi n'auraient-ils pas, aussi bien que lui, donné, de temps en temps, de ces exemples rigoureux qui retiennent les juges dans leur devoir bien plus efficacement que des édits, des déclarations et toutes les lois possibles? Le continuateur de la *Chronique d'Alexandre*, qui doit être né à la fin du VIe siècle, rapporte que Juvénilia, une dame romaine, qui plaidait depuis trois ans contre Formus, un patricien, présenta au roi des Ostrogoths une requête, par laquelle il était supplié de faire enfin juger son

(1) Duorum negotia Romanorum, etiam his invitis, diceris ad tuum vocare judicium. Quæ si cognoscis facta ulterius, non præsumas, ne dum vis judicia incompetenter quærere, rectum potius videaris invenire. Judicibus ordinariis suarum administrationum potestas illibata servetur. Vos armis jura defendite, Romanos sinite legum pace litigare (Cassiod., Var. lib. IX, ep. 14).

procès. Théodoric envoya chercher les juges, et, dès qu'il leur eût enjoint de le terminer promptement, ils le jugèrent en deux jours. Aussitôt que Théodoric fut instruit du fait, il fit couper la tête à ces juges iniques, pour avoir fait durer un procès qu'ils pouvaient finir en si peu de temps. Nos rois n'étaient pas plus familiarisés que Théodoric avec l'iniquité d'un délai de justice affecté.

Je tomberai d'accord, autant qu'on le voudra, que nos rois et leurs officiers ne pouvaient point empêcher toutes les prévarications qui se commettaient à l'abri de la diversité des Codes en vigueur dans la monarchie. Comme le dit Hincmar (1): « Lorsque le « comte croit se rendre le maître d'une affaire, en la « faisant juger suivant le droit romain, il veut qu'elle « soit jugée suivant ce droit-là. Ne trouve-t-il pas « son compte à la faire juger suivant le droit romain, « il prétend qu'elle doit être jugée suivant les capi- « tulaires. Il arrive souvent de là qu'on élude la « disposition du droit romain par les capitulaires, et « celle des capitulaires par le droit romain. » Comme les capitulaires étaient des lois faites par nos rois, qui étaient les chefs suprêmes de toutes les nations qui composaient le peuple de leur monarchie, ces

(1) Quando sperant lucrari aliquid comites, ad legem Romanam se convertunt; quandò vero per legem non æstimant acquirere, ad capitula confugiunt, sicque interdum fit ut nec lex nec capitula observentur, sed pro nihilo habeantur (Hincmar, *de Potestate Regum*, cap. xv).

capitulaires devaient avoir une autorité supérieure à celle de toutes les lois nationales, lorsqu'ils se trouvaient en opposition avec elles. Ces lois devaient plier devant les capitulaires émanés immédiatement du pouvoir législatif, comme nos coutumes plient aujourd'hui devant les édits de nos rois.

Ainsi je dirai volontiers, comme le disait Agobard dans ses représentations à Louis-le-Débonnaire contre la loi des Bourguignons : « Qu'il eût bien mieux valu (1) « que les sujets de la monarchie française n'eussent ja- « mais eu qu'un roi et qu'ils eussent tous vécu selon la « même loi, parce qu'alors il y aurait eu plus d'union « entre eux, et qu'ils auraient trouvé plus d'équité « dans leurs concitoyens. »

Il ne nous convient pas trop néanmoins de traiter d'hommes encore à demi sauvages, les princes qui ont souffert que cette pluralité de Codes différents entre eux, fût en usage dans le même district. N'a-t-on pas vu régner en France, dans le temps qu'elle était déjà très-polie, un abus à peu près pareil à celui de souffrir dans le même royaume des nations distinctes dont chacune devait être jugée suivant son Code particulier ? J'entends parler ici de l'usage général introduit dans la monarchie sous les rois de la troisième race, et suivant lequel les criminels n'étaient point justiciables du juge du lieu où ils avaient commis

(1) Ut Franci sub rege uno una omnes tenerentur lege. Id enim valiturum profecto multum ad concordiam civium Dei et æquitatem populorum (Agob. *adv. Leg. Bur.*, cap. XIV).

leur délit, mais du juge du lieu de leur domicile. Par exemple, il fallait renvoyer le bourgeois d'Orléans, qui avait commis un assassinat à Reims, par devant le bailli d'Orléans. Que les personnes qui connaissent par expérience quels sont les inconvénients qui ne font que retarder le cours de la justice et quels sont ceux qui empêchent qu'elle ne puisse être rendue, décident si l'obligation de traduire les criminels devant le juge de leur domicile ne devait pas retarder plus longtemps la punition des coupables et même empêcher qu'elle ne fût faite, que de la diversité des Codes, de laquelle il est ici question ! Croit-on que le juge du lieu où un délit avait été commis par un homme domicilié ailleurs, fît de grandes diligences pour s'assurer de la personne du coupable et pour ne point laisser périr les preuves, quand ce n'était point à lui de juger le coupable ? Quels frais ne fallait-il pas faire pour le transport de l'accusé et pour le voyage des témoins ? Malgré tous ces inconvénients et plusieurs autres qu'il est aisé d'imaginer, l'usage qui voulait que les criminels fussent justiciables du tribunal auquel leur domicile ressortissait, a subsisté en France jusque sous le règne de Charles IX. L'habitude, qui fait regarder les abus les plus grossiers comme des coutumes tolérables et qu'il serait même dangereux de changer, avait tellement prévenu les Français en faveur de l'usage de renvoyer les accusés devant le juge du lieu de leur domicile, que le chancelier de l'Hopital n'osa l'attaquer qu'avec ménagement. Il se contenta donc, d'abord, d'engager le roi Charles IX à statuer : Que si le délinquant était pris au lieu du délit, son procès serait fait et jugé en la juridiction où le délit aurait été commis, sans que le juge fût tenu de le renvoyer à une autre juridiction sous laquelle l'accusé prisonnier se prétendrait domicilié. Ce ne fut que trois ans après que Charles IX acheva de supprimer l'usage abusif dont nous parlons, en statuant dans l'ordonnance de Moulins : Que la connaissance des délits appartiendrait au juge du lieu où ils auraient été commis, nonobstant que le coupable n'eût été pris en flagrant délit et en réglant que le juge du domicile du délinquant serait tenu, lorsqu'il en serait requis, de renvoyer le délinquant au lieu du délit.

---

911. — Caen, imp. B. de Laporte.

OUVRAGES DU MÊME AUTEUR:

De l'Hypothèque légale des femmes mariées sur les conquêts de la communauté, 1852, in-8° . . . . 3 fr. »»

De la subrogation à l'hypothèque légale des femmes mariées.—(Etude critique), 1853, in-8° . . . . 4 »»

Questions et Exceptions préjudicielles en matière répressive, ou compétence du juge criminel sur les questions de droit civil que l'action publique soulève, 1856, in-8°. . . . . 4 »»

Questions controversées sur la loi des 2-31 mai 1854, abolitive de la mort civile, suivies d'**Etudes sur le sens de la Règle : « Le juge de l'action est le « juge de l'exception, »** 1857, in-8°. . . . . 4 »»

Cours de Code pénal et Leçons de Législation criminelle, 2e édition, 1859, in-8° 8 50

CAUVET (J.), professeur à la Faculté de droit de Caen. —**Le collège des droits de l'ancienne université de Caen.** (Essai historique), 1858, in-8°. . . . . 2 fr. »»

PERRIN (J.-H.), avocat, membre de plusieurs sociétés savantes. — **Etudes de droit coutumier dans le nord de la France**, 1859, in-4°. . . . . 6 »»

— **Le Doctorat à la Faculté de droit de Caen**, 1859, in-8°. 1 50

Caen, imp. B. de Laporte.

www.ingramcontent.com/pod-product-compliance
Ingram Content Group UK Ltd.
Pitfield, Milton Keynes, MK11 3LW, UK
UKHW021056230726
13926UKWH00004B/1888